Reiki

ROBIN
BOOK

Reiki

Rose Neuman

esenciales

ROBIN BOOK

© 2013,Rose Neuman

© 2013, Ediciones Robinbook, s. l., Barcelona

Diseño de cubierta: Regina Richling

Fotografías de cubierta: © iStockphoto

Diseño interior: Paco Murcia

ISBN: 978-84-9917-318-4

Depósito legal: B-11.913-2013

Impreso por Lito Stamp, Perú, 144, 08020 Barcelona

Impreso en España - *Printed in Spain*

Índice

Prólogo

Las enfermedades generalmente se deben a bloqueos o des-equilibrios en la energía vital de la persona. Cuando se resti-tuye o desbloquea esta energía, el organismo se beneficia directamente sanando dolencias y previniendo enfermedades.

El Reiki es un método milenario con el que se restituye la ener-gía vital utilizando principalmente las manos como instrumento de

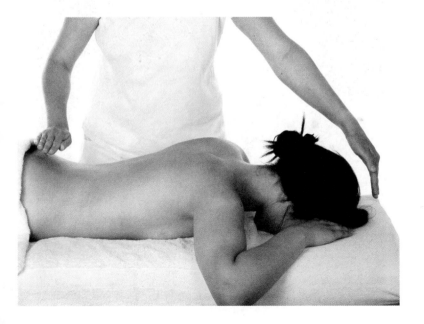

transmisión. No en vano se trata de un método milenario que nació en el Tíbet hace más de 3.000 años.

A diferencia de otras técnicas, el Reiki no requiere entrenamientos ni prácticas exigentes, ni es necesario que la persona tenga un don especial, siendo posible utilizar los beneficios de la energía por cualquier persona sin importar edad ni condición física, y lograr así una mejor calidad de vida. Tiene una sabiduría única propia y puede utilizarse como complemento de otros métodos curativos. Sus efectos armonizadores afectan tanto a la persona que lo recibe como a quien lo aplica, creando en ambos una sensación inmediata de paz, alegría y amor.

El Reiki proporciona vida y puede ser utilizado en todo tipo de situaciones y circunstancias. Es un método terapéutico que permite transitar hacia un estado armonioso de consciencia donde es más fácil la curación. Mediante la imposición de manos se logra transmitir el amor incondicional que es capaz de sanar y restituir el equilibrio. Dar y recibir esta energía constituye para muchas personas una experiencia espiritual única.

Este libro expone de forma amena y ordenada los principios curativos de este arte milenario así como las herramientas necesarias para la práctica de esta disciplina.

Introducción

Introduction

El Reiki es un sistema de curación que utiliza la técnica de la imposición de manos para transmitir la energía universal curativa. Reiki es un término de origen japonés que significa «la energía universal que surge de la vida».

Esta energía universal está en todos los seres vivos que pueblan la tierra: personas, animales y plantas irradian calor y energía. Los japoneses denominan «Ki» a esta energía, mientras que la palabra «Rei» haría referencia a la universalidad de su propósito.

La esencia del Reiki es una vibración divina capaz de emitir alegría, paz y vida, es en esencia lo que denominamos amor, la energía sanadora por excelencia. El Reiki es también la Luz que incide en el organismo y lo inunda a través de los siete chakras principales que se extienden desde la base de la columna hasta el cráneo y que luego redistribuyen por todo el organismo. De esta manera se armonizan los aspectos físico, mental y espiritual de nuestro Ser. Además de esta función de armonización, también es una potente arma de crecimiento personal y de evolución.

1. La energía universal

La energía universal es aquello que mueve el Universo y que, canalizada a través de las manos del sanador, sabe a dónde dirigirse y cómo actuar atajando no sólo el problema sino la causa de éste. Para canalizar esa energía sólo hace falta entregarse a la persona con todo el amor del mundo. No hace falta tener un don especial, ¡cualquiera puede convertirse en un canal de Reiki! Tras el proceso de inicialización, sólo hay que depositar las manos para la propia autosanación o para la curación de los otros, entonces fluye la energía vital del Universo. Este proceso, en contra de lo que pudiera parecer, no sólo no desgasta sino que revitaliza al practicante.

Un practicante de Reiki es aquella persona que está sintonizando con la energía universal y que por tanto se deja guiar por su sabiduría de carácter intuitivo. A través de la energía de la Luz se puede sanar, equilibrar o armonizar física, mental y emocionalmente a un paciente. El terapeuta que aplica sus manos ha recibido antes previamente los conocimientos necesarios para la activación y limpieza de los centros energéticos de manos de otro Maestro de Reiki.

El terapeuta, al aplicar sus manos, invoca ciertos colores del espectro cromático, relacionados con el chakra o centro energético, para producir el efecto que desea en el cuerpo del paciente: rosado como amor o protección; verde como poder de sanación; amarillo para acceder al intelecto y violeta para la transmutación.

¿Qué es una iniciación Reiki?

Se trata de un proceso que abre los chakras y los conecta con la fuente de energía Reiki. Mediante la imposición de manos se enseña a sentir, canalizar y transmitir la energía, actuando como si de un canal energético se tratara.

La energía que se transmite abre los sistemas y transforma el cuerpo físico para que sea capaz de recibir la energía. Dicha transformación sólo es comprensible para el corazón y para el alma, ayudando en el proceso de equilibrio y desbloqueo de los centros energéticos.

El fundador de un sistema de armonización universal

Mikao Usui nació en 1865 en la villa de Taniai, en Japón. Fue un estudioso de la medicina y un profundo conocedor de los sutras budistas y la Biblia cristiana. En el curso de una de sus meditaciones afirmó haber alcanzado el *satori* o Iluminación según el budismo zen.

Usui fundó una escuela que sería depositaria del Reiki tradicional japonés donde se dedicó a la labor pedagógica de esta disciplina. Usui era un monje no ascético que intuía que

el Reiki no era un simple método de sanación sino un camino que conducía a una vida iluminada.

Pese a ser descubierto por Mikao Usui, el Reiki no se originó allí, tiene al menos dos mil quinientos años de antigüedad y ya se puede encontrar su rastro en algunos de los primeros textos budistas. La fórmula de sanación del Reiki algunos la han comparado al método mediante el cual Jesús curaba a los enfermos. Así pues, la capacidad del Reiki se encuentra grabada genéticamente en la especie humana y su historia abarca buena parte del relato del origen del hombre.

Satori

La palabra *satori* significa literalmente «comprensión» y hace referencia a la Iluminación última o profunda. Se utiliza para referirse a los estados de conciencia a los que llegaban los grandes patriarcas del budismo. Es la razón de ser del zen y también se conoce como el momento del conocimiento o purificación.

Es un estado de armonía en el que la mente se libera de distracciones y no hace más caso que al presente, las emociones se manifiestan como pura motivación y el cuerpo se abre a la vida.

Dónde y cómo practicar Reiki

El Reiki puede practicarse en cualquier lugar, no obstante es mejor disponer de una habitación confortable en la que haya una cierta armonía y relajación, resulta mucho más fácil recibir la energía en unas condiciones así.

Las camillas de masaje proporcionan una sensación de confort y seguridad importantes tanto a la persona que recibe la energía como al Maestro que la proporciona. Una almohadilla de espuma o unas mantas ayudan a realizar la terapia más cómodamente.

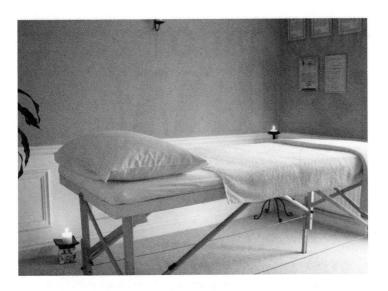

Para recibir Reiki es importante no sentir ningún tipo de atadura, por lo que es mejor descalzarse y quitarse cinturones o tirantes. Conviene tener una cierta sensación de calor, por lo que la habitación debe estar acondicionada para tal fin y, en caso necesario, echar sobre el paciente una manta ligera.

En la sala puede haber música relajante, ya que favorece la meditación, así como algún tipo de incienso que no sea muy fuerte ni entorpezca los canales olfativos.

El terapeuta habla con la persona previamente para saber qué desequilibrios físicos o emocionales presenta. Las primeras cuatro sesiones sirven para el equilibrio de energía inicial y para estimular la purificación de las toxinas en el organismo.

Al ponerse en contacto con el cuerpo físico, la energía que transmite el terapeuta también beneficia y equilibra el aura.

El Reiki es también una forma de estimar y ser estimado. La conversación plácida durante el tratamiento, ayuda en la evaluación del terapeuta. Una cálida charla puede ser de ayuda si la persona receptora desea comentar sus emociones en torno a su malestar. No obstante, las discusiones emocionales pueden inhibir el proceso de curación, provocando tensión y dolor. Al eliminar el dolor físico, la persona realiza un proceso de introspección de cara a tener un mayor conocimiento de los factores emocionales, que seguramente son la causa o el resultado del malestar.

Plegarias previas

No es necesario realizar ningún tipo de invocación previa, pero sí es recomendable que el terapeuta realice algún tipo de plegaria en silencio antes de la imposición de manos.

Un ejemplo sería: «Quiero dar las gracias para que este momento tan lleno de plenitud se realice en plena armonía conforme las leyes del Universo, y que la energía que estoy dispuesto a canalizar sirva para cualquier proceso de curación divina».

La música del Reiki

La música es un aspecto muy importante en una sesión de Reiki, ya que puede favorecer la relajación tanto del canal receptor como del emisor de energía. Escoger una música adecuada ayuda a crear un ambiente relajado acorde con esta práctica. Hay muchas opciones y la red ofrece una variedad de recursos infinita.

Los efectos de la música sobre la mente favorecen el estado de armonía necesario y la energía fluye mucho mejor. Y es que el estrés es sinónimo de falta de armonía y por tanto hay una falta de concentración. La música relajante, en ese sentido, favorece el equilibrio y la relajación.

2. Virtudes y aplicaciones del Reiki

El Reiki tiene muchísimas virtudes y aplicaciones y tanto puede ser una herramienta de crecimiento personal como una terapia de sanación. En general se usa para tratar todo tipo de conflictos emocionales y también para liberar a la persona de situaciones estresantes y depresivas. Aplicaciones concretas:

- **Liberar emociones reprimidas.**
- **Aumentar la vitalidad física y anímica.**
- **El rejuvenecimiento y revitalización de todo el organismo.**
- **Puede ser un excelente complemento a un tratamiento médico.**
- **Elimina la ansiedad y el reduce el estrés.**
- **Alivia el sufrimiento físico, emocional, mental o espiritual.**
- **Combate las migrañas, los estados depresivos, dolores menstruales, o el estreñimiento.**
- **Es una manera muy eficaz de limpiar las toxinas del organismo.**
- **Resulta muy útil para favorecer el parto.**
- **Facilita el sueño y disminuye el abatimiento.**
- **Combate trastornos alimentarios como la anorexia o la bulimia.**

Además, puede ser muy útil en el caso de:

- **Lesiones:** En el caso de lesiones el Reiki acelera el proceso de cicatrización y para soldar las lesiones óseas. También puede reducir la inflamación de esguinces y tirones musculares.
- **Infecciones:** En el caso de infecciones, el Reiki puede ayudar a reforzar el sistema inmunológico.
- **Cáncer:** En algunos hospitales, se ha utilizado con éxito la combinación del tratamiento con quimioterapia para mantener la fortaleza física.
- **Depresión y agresividad:** Mediante la práctica del Reiki se equilibra energéticamente y espiritualmente a las personas.

Los cuatro aspectos

Los cuatro aspectos permiten comprender y colocar las experiencias que proceden de los tratamientos. La Técnica de sanación, el Crecimiento personal, la Disciplina espiritual, y el Orden místico describen el camino del estudiante y su motivación.

- **Técnica de sanación:** se practica poniendo las manos para el autotratamiento y el tratamiento de otros.
- **Crecimiento personal:** es el resultado de dar y recibir Reiki, que lleva a conocerse mejor y a despertar el amor hacia uno mismo.
- **Disciplina espiritual:** practicando regularmente la Forma, se despierta la conciencia de lo sagrado.

- **Orden mística:** Practicando se conoce el sentido del propósito común y la unión que existe entre todos los que siguen este camino.

Los cinco principios espirituales del Reiki

Los principios del Reiki son su piedra filosofal y su propósito es otorgar la Iluminación mediante un estilo de vida pacífico en el que la mente se halle en calma. Los principios personifican un estilo de vida en el que prima la humildad, la gratitud, vivir sin enojo, sin preocupación y con gentileza. Todo aquello que afecta al ego y hace difícil la conexión con la fuente universal de amor debe ser apartado del camino.

- **Dejar de lado la ira:** La ira es una emoción innecesaria que nos separa de la Conciencia Universal. Cuando nuestras expectativas acerca de nosotros o los demás fracasan nos dejamos llevar por ese sentimiento. Cualquier persona que entra en nuestra vida lo hace como si fuera un espejo en que se refleja la causa y el efecto creado por nosotros mismos. Es a través de estas personas que podemos descubrir nuestros propios puntos débiles. Cuando la persona es presa de la ira, está destruyendo su armonía interna. La ira es una reacción, la respuesta es el amor.
- **Dejar de lado las preocupaciones:** Cuando existe una preocupación es que existe una intención divina en todas

las cosas. Se trata de vivir cada día al máximo de las posibilidades, sabedores de que el resto de cosas depende de los designios universales. Cuando la preocupación hace mella en la persona, se está separando de la integridad universal. Es necesario rendirse a los planes de un Yo superior que se encuentra en el orden divino. Al confiar en él obviamos los aspectos más superficiales de la vida.

- **Valorar lo que se posee:** Apreciar lo que se tiene significa estar agradecido por todo aquello que se disfruta. No sólo hay que celebrar lo recibido, sino también confiar en que todo aquello que será dado. El temor a la carencia impide aceptar lo que nos pertenece por derecho divino. Lo que seamos capaces de ver será nuestro; lo que podamos concebir, podremos darle forma. Si el subconsciente piensa que no somos dignos de recibir las bendiciones del Universo, estamos bloqueando el flujo de riqueza física, mental y espiritual, así como las bendiciones de la vida.

- **Hacer el trabajo de forma honrada:** Vivir de forma honrada es estar alineado con el yo superior. Con la honradez por delante, es posible enfrentarse a todos los aspectos de la vida y hacerlo de forma armoniosa. La verdad aporta claridad. Y si la persona es sincera consigo misma, proyecta sinceridad hacia los demás. La honradez genera armonía en la vida propia y en la de los demás. Y al reconocer las lecciones dadas, la vida se abre ante nosotros.

- **Ser bondadoso con toda criatura viviente:** Si se practica la bondad con todos los seres vivos se experimenta una sensación de unidad. Cuando no se es benévolo con alguien, se aleja el amor y el respeto hacia los otros. Al aceptar nuestros propios rasgos, se acepta la de los demás. Somos el reflejo de la Luz divina.

Los alineamientos

Un alineamiento es un proceso que eleva el nivel vibratorio del campo energético, de forma que al recibirse la nueva energía, las células aumentan su frecuencia de vibración, removiendo las toxinas y deshaciendo los bloqueos energéticos. Se trata de una apertura a la Luz que origina una salida de los elementos innecesarios. Esta función puede desarrollarse en el plano físico, en el mental y en el espiritual.

Este proceso depurativo suele durar de dos a tres semanas en el plano físico, por lo que es importante seguir una dieta equilibrada durante este tiempo, a base de frutas y verduras e ingiriendo mucha agua.

El individuo también crece espiritualmente tras recibir esa nueva frecuencia vibratoria y aunque ello pueda derivar durante un tiempo sensaciones molestas, tales como mareos, sensación de flotabilidad y desorientación. En estos casos se recomienda tomar alimentos que estimulen el chakra raíz. Al aumentar nuestra frecuencia vibracional nos acercamos más a la alta vibración del amor, de forma que al aproximarnos a él nos es más fácil la conexión y la transmisión.

Gracias a la alineación, la persona se halla en sintonía con la energía universal, actuando como canal de transmisión de esa energía pura y limpia.

Niveles de Iniciación

En el budismo tántrico hay muchos niveles de Iniciación. A este proceso en sánscrito se le denomina *abhiseka*, en tibetano *wong* mientras que en la India se le llama *shaktipat*.

La Iniciación, también conocida como Pase de alineamientos o Sintonización consiste en el proceso por el cual una persona sin ninguna facultad para curar se convierte en una persona capaz de aliviar males por sí misma. Pero cuando un Maestro de Reiki realiza la Iniciación de un alumno le está despertando una facultad dormida, reactivando sus centros energéticos sutiles y sus circuitos energéticos, deshaciendo bloqueos y restaurando la armonía física, metal y espiritual.

El Maestro, al iniciar el proceso, reconecta al alumno con la Fuente de energía Universal. Se trata de un proceso sencillo, sincero, lleno de amor y de fe en los demás.

La Iniciación en el primer nivel de Reiki actúa sobre los chakras superiores, el chakra corazón, el Tercer ojo, el chakra garganta y de ahí se distribuye a los brazos. Tal proceso produce los siguientes efectos:

- Al armonizar y abrir el **chakra corazón** se eleva la frecuencia de vibración aproximándola a la frecuencia del Amor Universal.
- Al armonizar el **chakra garganta** se está enviando un mensaje al Yo Superior dándole a conocer que se ha entrado en una nueva fase.
- Al despertar el **Tercer ojo,** se potencian las facultades extrasensoriales.
- La energía universal fluye por la persona al armonizar el **chakra Corona.**

CHAKRAS PRINCIPALES

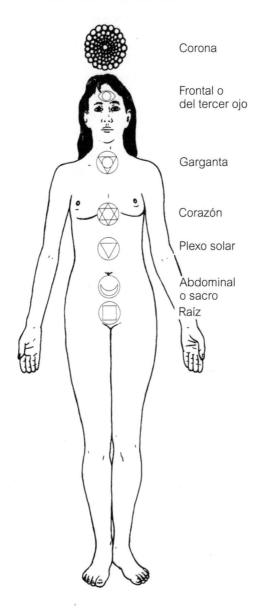

Corona

Frontal o
del tercer ojo

Garganta

Corazón

Plexo solar

Abdominal
o sacro

Raíz

Cada nueva Iniciación que recibe el alumno es más potente que la anterior. Sin embargo, ello quedaría en nada si no se practicase diariamente el Reiki, se profundizase en las meditaciones y se asimilara cada nueva información que se recibe. La práctica continuada lleva consigo un mayor grado de sensibilidad y una mayor energía canalizada.

Tras una Iniciación se produce un período en el que el ser experimenta cambios a distintos niveles, ya sean físicos, mentales o espirituales. Se trata de un proceso de depuración en el que se están eliminando toxinas.

Por ejemplo, en la Iniciación de Reiki II interviene una depuración de carácter más emocional, mientras que en Reiki III el proceso es más espiritual. Se puede pasar fácilmente de la alegría a la depresión en cuestión de horas, pero ello no será más que un pequeño camino que redundará en un beneficio emocional.

Las primeras iniciaciones budistas tienen como objetivo eliminar las obstrucciones kármicas mientras que la cuarta sana la consciencia. Los beneficios que se reciben con los alineamientos son cuatro fundamentalmente: la eliminación de los bloqueos de energía, aumentar la potencia, acceder a nuevos elementos en la enseñanza del Reiki y la posibilidad de realizar procesos de sanación.

Cómo pasar los alineamientos

Los alineamientos significan la diferencia entre el Reiki y los demás sistemas de sanación por imposición de manos. En la formación del Reiki tradicional hay cuatro alineamientos para el Reiki I, uno para el Reiki II y otro para el Reiki III.

Los beneficios de las Iniciaciones

● Al potenciar los vasos se despejan las obstrucciones kármicas de los canales físicos y psíquicos del organismo.

● El flujo de Ki se abre con la potenciación mística, confiriendo poder a los mantras y recitativos.

● El cuerpo mental se purifica con la potenciación del conocimiento divino, permitiendo la práctica del hatha yoga.

● El conocimiento de la verdadera esencia espiritual nace con la potenciación absoluta, y por tanto se dispone de una experiencia directa de lo que hasta ese momento sólo se había comprendido parcialmente.

Los alineamientos sirven para abrir y dilatar la capacidad para retener el Ki en la línea Hara y despejar los bloqueos existentes en los canales de energía. También son útiles para purificar y armonizar los chakras de la línea Hara y los del doble etérico. En el momento del alineamiento la energía Ki que vehicula los cinco símbolos pasa del chakra Corona al chakra Cordial. Luego, el Ki terrestre asciende desde los centros inferiores del Hara hacia el chakra Corazón.

El alineamiento es una experiencia personal que debe vivir cada uno, ya que se trata de una especie de recompensa kármica en el que la persona receptora se ve dispensada de una parte de su karma negativo y obtiene como recompensa el poder de convertirse en sanadora. Ello es consecuencia de que el nivel de energía del Maestro, al verse potenciado durante los alineamientos, amplifica el nivel de Ki del alumno.

La persona que recibe los alineamientos experimenta sensaciones diferentes cada vez, pero en general puede decirse que todo que pueda sentir procede de la fuente de Luz que recorre su interior.

Los alineamientos deben pasarse de manera individual, no a un grupo de alumnos ya que se necesita de una cierta experiencia y de un tiempo para llegar a desarrollar el necesario control muscular y respiratorio.

Pasar los alineamientos de Reiki I

El mismo alineamiento sirve para iniciar una persona como sanadora en cualquiera de los tres grados de Reiki. Este proceso es así gracias a la capacidad receptora para retener el Ki.

Al pasar cualquiera de los alineamientos de este grado, se propicia una apertura del aura. El alumno, en esta fase, no se abre plenamente a recibir el alineamiento. Será en el momento en que su cuerpo energético se dilate y ajuste para recibir más Ki cuando esa persona será capaz de transmitir cada vez más energía y progrese en su proceso de apertura. Esta fase suele durar unas tres o cuatro semanas, ya que la apertura de cada chakra tiene varios ciclos de tres a cuatro días cada uno.

Pasar los alineamientos de Reiki II

El terapeuta de primer grado ya posee un cierto nivel de apertura de la línea Hara y por tanto su nivel de energía es superior.

Cómo se pasa un alineamiento

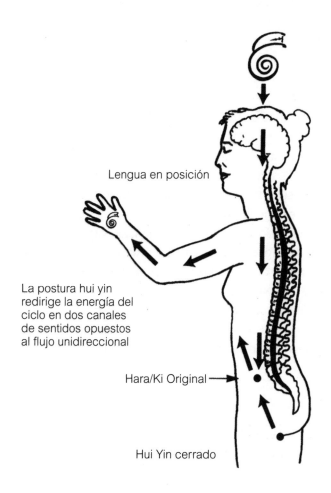

Lengua en posición

La postura hui yin redirige la energía del ciclo en dos canales de sentidos opuestos al flujo unidireccional

Hara/Ki Original ➝

Hui Yin cerrado

Si se encuentran bloqueos en los chakras o en la línea Hara, la energía de alineamiento los sana. Las reacciones físicas a tal proceso de depuración pueden ser diarreas, aumento de la mucosidad, jaquecas, etc. Cuando la depuración se da en el plano emocional o mental se producen notables cambios en el estilo de vida que pueden durar varios meses.

Pasar los alineamientos en Reiki III

En este estado los cambios que se producen son de tipo espiritual. Significan un proceso en la senda de la autorrealización y en el sentido de Unidad con el Universo. La reacción más normal es que la vida se trastoque en un puro júbilo, una sensación de alegría innata y de expansión vital. Es posible que antes de llegar a ello el alumno precise de una cura de sueño de varios días, ya que el nivel de agotamiento puede ser notable durante esta fase.

El Dai Ko Myo se transfiere con el alineamiento del Reiki III. En los tres grados se transfiere al chakra Corona pero en los niveles anteriores no se comunica a las palmas de las manos.

La práctica de una Sintonización

Se debe mantener la postura Hui Yin con la lengua pegada al paladar. A continuación se hace una inspiración profunda y se contiene el aliento. El Maestro de Reiki empieza a pasar las

DIFERENTES VERSIONES DE DAI KO MYO

Versión tradicional　　　　　　Variantes

sintonizaciones mientras el alumno se sienta en una silla con las palmas unidas a la altura del pecho.

El Maestro abre el chakra coronilla con un movimiento de la mano y traza el símbolo Dai Ko Myo por encima de este. Luego pasa los brazos por encima de los hombros del alumno, toma sus manos y sopla sobre la coronilla. Hace una respiración profunda y contiene el aliento, entonces traza los símbolos Cho Ku Rei, Sei He Ki y Hon Sha Ze Sho Nen. Toma de nuevo las manos del alumno y vuelve a soplar en la coronilla. Hace una nueva respiración y retiene el aliento.

El Maestro se coloca de frente y abre las palmas de las manos del alumno. Traza el símbolo Cho Ku Rei en ambas palmas y golpea tres veces en sus manos. Vuelve a repetir esta operación trazando previamente los símbolos Hon Sha Ze Sho Nen y Dai Ko Myo. Luego une las palmas de las manos y sopla de la raíz al corazón. Hace una nueva inspiración profunda y contiene el aliento.

Situado detrás del alumno, el Maestro cierra el aura incluyendo los símbolos. Traza el Raku en la columna vertebral en

El proceso de Sintonización

Cuando se habla de Sintonización se refiere a un ajuste de vibraciones. La energía es vibración y al sintonizar con la vibración Reiki sucede que se está en la misma longitud de onda, esto es, se abren los canales que permiten fluir la energía y se toma consciencia con la energía Reiki por primera vez.

Es una ceremonia individual en la que se conecta con la Fuente de energía universal de manera única y el alumno recibe la Luz que inunda todo su sistema vital. Cada Maestro tiene su propio método para hacer la Sintonización, por lo que esto lo convierte en un proceso único entre él y su alumno que lo recibe de forma diferente a como lo recibirá cualquier otro. Una persona puede recibir la Sintonización más de una vez.

sentido descendente, libera la postura de Hui Yin y exhala profundamente.

Transmitir el Reiki a otras personas mediante una Sintonización tiene algo de sagrado. Gracias al esfuerzo personal se puede convertir a una persona normal en sanadora que a su vez será capaz de sanar a otras personas.

3. Los sistemas del Reiki

Actualmente conviven varios sistemas principales de Reiki. Todos ellos trabajan con la energía, tal y como lo hiciera el Maestro Usui, sin embargo otros sistemas destacan por utilizar símbolos más potentes.

Sistema japonés tradicional

Mikao Usui obtuvo la Iluminación en 1922 al trasladarse al monte Kurama en Kyoto y permanecer en ese lugar ayunando y meditando hasta llegar a ese estado. Tal proceso le llevó a ser concedido el don de sanar por imposición de manos. Creó entonces la Usui Reiki Ryoho Gakkai en Aoyama, Tokio, escuela en la que formó varias generaciones de alumnos.

El último alumno de Usui fue Chujiro Hayashi, que desarrolló posiciones en las manos que servían para la terapia y modificó el sistema de iniciaciones y símbolos.

Este sistema es el más conocido de todos e incluye los principios, los chakras, meditaciones y demás enseñanzas de Mikao Usui. Se aprenden los cuatro símbolos tradicionales y cinco símbolos tibetanos en tres niveles y una maestría.

Mikao Usui

Nacido el 15 de agosto de 1865, destacó como estudioso de la medicina y en el estudio de los sutras budistas. Usui procedía de una familia ilustre, noble y bien acomodada. Ello le dio la posibilidad de viajar por Europa, América del Norte y China. Su habilidad para los negocios no era muy buena, y además gastaba cantidades ingentes de dinero en adquirir viejos textos budistas que versaban sobre técnicas curativas. La bancarrota a la que se enfrentó, unida a un episodio de cólera que lo llevó al borde de la muerte, hizo que se refugiara en las vías de sanación espirituales hasta que en 1922 adquirió la capacidad de canalizar la energía universal.

Usui se casó y tuvo dos hijos, y fue siempre un hombre adelantado a su tiempo. Estaba convencido de que cada ser humano debía tener acceso a los métodos de sanación budistas sin importar su condición económica ni social, su nivel educativo o sus creencias, por ello ofreció a la gente un método sencillo para ayudar a salir a las personas de los grandes problemas. Por ello, meses después de su Iluminación, creó la primera escuela de Reiki.

Técnicas de sanación del Sistema tradicional japonés

El Reiki Japonés enseña varias técnicas de sanación que enseñaba Mikao Usui durante sus Iniciaciones. Son técnicas que

se aplican durante los tratamientos de Reiki y que deben ser practicadas con seguridad y esmero, ya que fueron transmitidas por el mismo Usui durante los niveles de Iniciación. Los símbolos e Iniciaciones son las mismas que para el Reiki Tibetano excepto en Okuden. Algunas de estas técnicas son las siguientes:

- **Kenyoku: Baño seco**
- **Joshin-Kokyuu-ho: Respiración Superior**
- **Gasshó: Meditación en Plegaria**
- **Reijo-ho: Oración para elevar el alma hacia Dios**
- **Hatsurei-ho: Emanar la Energía**
- **Hesso-chiryo-ho: Tratamiento a través del ombligo**
- **Byosen-reikan-ho: Técnica para sentir la Línea de Dolencia**
- **Koki-ho: Tratamiento a través del soplo**
- **Gyoshi-ho: Tratamiento a través de la mirada**
- **Bushu-chiryo-ho: Acariciar con las manos**
- **Nadete-chiryo-ho: Masajear con las manos**
- **Oshite-chiryo-ho: Digitopuntura**
- **Uchide-choryo-ho: Batir con las manos**
- **Tande-chiryo-ho: Tratamiento del Tanden**
- **Ketsueki-kokan-ho: Purificación de la sangre**
- **Seikaku kaizen-ho: Mejorar el carácter**
- **Jari-kiri joka-ho: Cortar energía negativa**
- **Shuchu-Reiki: Tratamiento en grupo**
- **Reiki-mawashi: Tratamiento en grupo circular**

Usui Reiki Ryoho Gakkai

Es el nombre de una sociedad de Maestros fundada por el propio Usui. Muchas de sus enseñanzas todavía permanecen ocultas aunque en los últimos años han compartido sus técnicas y conocimientos con el mundo.

Reido Reiki Gakki

Deriva de las enseñanzas de Gakkau y sus diferencias son mínimas respecto a las enseñanzas de Usui. En este sistema nació el símbolo del Koriki.

- *Komyo Reiki Kai*

  Este sistema no procede del Gakkai sino que viene de la línea del Maestro Hayashi. Incluye algunas técnicas y símbolos originales de Usui.

Sistema Karuna

Karuna es una palabra sánscrita que significa «misericordia con todos los seres vivos». Este sistema potencia al tiempo el desarrollo espiritual y sanador y abra las puertas a la realización personal.

El primer símbolo se utiliza para las vidas pasadas, ayuda a liberar el karma y la modificación celular. El segundo símbolo se utiliza para mantener el equilibrio y la armonía, su esencia es el amor, la verdad y la belleza. El tercer símbolo rompe con los patrones preestablecidos que usamos inconscientemente y el cuarto símbolo abre los chakras inferiores y nuestra conexión con la tierra.

El resto de símbolos se relacionan con la memoria, el conocimiento y la claridad mental, así como con la paz interior.

Sistema Reiki Ho

En el primer nivel japonés se aprenden técnicas de liberación de energías indeseables. En el segundo nivel se adquieren nociones de respiración de Luz y se conocen los diferentes símbolos y mudras del proceso. En el tercer nivel se adquiere la

maestría para lograr una perfecta transmisión de energía, activando la línea Hara.

Sistema Tera Mai

Es el sistema que actúa de forma más rápida y eficaz. Se trata de la síntesis de todos los sistemas conocidos. Su enseñanza comprende los cuatro símbolos del sistema Usui y nueve símbolos del sistema Tera Mai. Al llegar a la maestría se enseñan los cinco símbolos iniciáticos.

Sistema Tera Mai Seichen

Se trata de la Iniciación en los cuatro elementos: la energía experimentada con el calor sería Tierra; las pulsaciones de alto voltaje que resultan de trabajar en el aura sería Sakara; la energía fría que nos extrae cualquier mal profundo sería Sofiel; y la Luz angelical que contiene ámbar y energía y realza del poder del tercer ojo sería Angellight.

Sistema Seven Degree

Es una técnica ideada por una alumna de Takata durante los primeros años de enseñanza de Reki occidental. Desarrolla un sistema de siete niveles que corresponde cada uno de ellos a

El linaje del Reiki

Al hablar de linaje en el Reiki se refiere a la cadena de iniciaciones o sintonizaciones que relacionan al Maestro iniciador y fundador del sistema, Mikao Usui, con los Maestros Reiki que se han ido iniciando posteriormente. Sólo los Maestros de Reiki tienen la capacidad para iniciar a otros, mientras que los alumnos están asociados a uno o varios linajes. Un Maestro puede tener varios linajes al haber recibido la Iniciación en maestría de diferentes Maestros.

- Mikao Usui (fundador)
- Chūjirō Hayashi (1.er linaje)
- Hawayo Takata (2.º linaje)
- 22 Maestros formados por Takata (3.er linaje)

los diferentes chakras. Y contiene ocho símbolos para abrirse al amor incondicional y abrir los chakras.

Sistema Raku Kei

Raku es la energía vertical y Kei la energía horizontal que fluye a través del cuerpo. Sus enseñanzas están basadas en las enseñanzas del Reki tibetano. Se practica la meditación del Dragón de fuego y los nueve símbolos con sus respectivas sintonizaciones.

Chūjirō Hayashi (1.ᵉʳ linaje)

Sistema Sekhem Seichm

Los egipcios utilizaron la Luz espiritual para sanar en los templos del Antiguo Egipto. A partir de los años ochenta el Maestro Patrick Zeiger recogió estas enseñanzas al hacer un viaje por aquel país, y distribuyó sus enseñanzas por el mundo tras entrar en un estado de meditación. Esta energía es de una calidad diferente, potencializadora y armonizante, de gran paz y amor incondicional.

Hawayo Takata (2.º linaje)

Sistema Jin Kei Do

Practicado durante generaciones en Japón, se trata de un sistema muy espiritual iniciado por un monje budista llamado Seiji Takamori. Requiere un alto nivel de compromiso y un grado de Iniciación en la meditación Vipassana.

Sistema Buddho Enersence

Su origen proviene de las meditaciones y los antiguos métodos de sanación del Tíbet y la India. Utiliza técnicas especiales de sanación, métodos de respiración y ejercicios de meditación.

Sistema Reiki Gendai

Es un método moderno de Reiki que aúna Reiki tradicional occidental y Reiki tradicional japonés. Consta de cuatro niveles:

- **Shoden:** Primer nivel en el que se aprenden más de veinte técnicas japonesas de Reiki.
- **Okuden:** Segundo nivel.
- **Shinpiden:** Tercer nivel y preparación para la maestría. Técnicas de Usui Sensei para formar a los Maestros siguiendo la tradición espiritual del Monte Kurama.
- **Gokuikaiden:** Se forma al Maestro en las Iniciaciones, la moral, la ética y el compromiso y se le enseña la antigua tradición de honrar y respetar las deidades.

4. Los símbolos Reiki

Los símbolos ayudan en las sanación de muchas personas. Existen alrededor de 300 símbolos, si bien algunos de ellos se han perdido con el paso del tiempo. Los que perviven en la actualidad son memorizados para que la mente del terapeuta los trace o los dibuje en el aire.

Actualmente se emplean tres símbolos básicos y dos más que usan aquellos que han evolucionado en el camino hacia la Iluminación.

Cho Ku Rei (El Conector)

Actúa sobre la energía física de los seres vivos y su color es el dorado. Es el más poderoso de los símbolos, ya que trabaja directamente sobre el cuerpo físico y permite la conexión con la energía vital cósmica. Al trazar la espiral del símbolo, se atrae la energía al plano físico, concentrándose en el punto señalado, de ahí que sea símbolo de poder.

A este símbolo también se le llama el Interruptor de la Luz. Las técnicas de medicina energética parten del concepto que el padecimiento surge cuando hay una situación de desequilibrio interno en el paciente, y ese desequilibrio también puede formarse por un exceso de energía.

Uso del símbolo Conector

El Conector tiene infinidad de aplicaciones. No hay límite de aplicaciones posibles, se puede usar cuando se desee, siempre que no se enfrente a la conciencia de quien lo usa ni esté en contra de voluntad ajena.

- Resulta óptimo para aliviar el dolor ocasionado por los golpes, los rasguños y los cortes. Al usar este símbolo se deben repetir oraciones tales como: «Que desaparezca el dolor», «que sane la herida».
- También puede servir para conectarse a tierra al enviar el primer símbolo hacia la zona de la planta de los pies.
- Es un eficaz antídoto de protección energética. Al dibujar el símbolo en la frente, se concentra la energía en la persona y ésta puede enviar la energía al exterior.
- Permite neutralizar o dar energía a cualquier alimento o medicamento que haya que ingerir y al tiempo puede aliviar los efectos secundarios.
- El Conector purifica cualquier área, ya sea una vivienda, una habitación o bien un vehículo.

Símbolo Cho Ku Rei y cómo trazarlo.

Sei He Ki
(El sello de la Armonía)

Simboliza la conciencia del Universo y actúa sobre las funciones del hemisferio cerebral derecho. Su color es el azul.

Su emblema asemeja a un dragón, símbolo de protección y de transmutación. Se trata de un símbolo de origen muy antiguo que introduce el concepto de divinidad en la energía humana y alinea los cuatro chakras superiores.

La mayoría de problemas que aquejan a las personas tienen un origen emocional o proceden de un trauma del pasado. Curar una dolencia puede significar en la mayoría de los casos acallar también la emoción negativa que la acompaña. El miedo, la ira, la inseguridad, el odio son muchas veces emociones que causan enfermedades.

Los sentimientos quedan muchas veces anclados en el interior y no se les da oportuna salida para exteriorizarlos o manifestarlos. Constituyen así una opción de defensa sin vía de escape que hace que se tornen en enfermedad física.

Símbolo de amor y misericordia, Sei He Ki tiene una significancia especial con la energía Amida Buddha, así como con dos elementos de simbología mágica: el agua y la luna. Se trata de un símbolo que restablece la armonía y el equilibrio emocional y es realmente muy efectivo para resolver problemas crónicos. Al utilizar este símbolo se dirige la curación hacia el cuerpo emocional que es causante de la enfermedad. La energía Reiki actúa directamente sobre el cuerpo físico, emocional, mental y espiritual. Al aplicar el símbolo Sei He Ki, se actúa sobre el cuerpo emocional, y al conectar con el dolor anclado y procesarlo debidamente, sale a la superficie el trauma antiguo.

Así, constituye una conexión profunda y emocional con el inconsciente del paciente. Las afirmaciones positivas que emanan son absorbidas por el cuerpo emocional, encauzando la armonía de objetos y situaciones. Al anclarse al primer símbolo elimina la energía innecesaria y hace fluir nueva energía renovada.

Uso del Símbolo de la armonía

Entre otras funciones, el símbolo de la armonía consigue:

- Limpiar, purificar, desintoxicar y desintegrar las energías negativas ya sea en personas, animales, plantas, objetos o lugares.
- Trata de reestablecer el equilibrio de las emociones.
- Desarrolla la Conciencia del Universo de forma interna en las personas.
- Trata los dolores psicosomáticos, las neurosis y el estrés.

Para lograr que la función de purificación sea efectiva se debe recorrer todo el cuerpo de la persona con el sello mediante movimientos circulares. Y para que la mente consiga

Símbolo Sei He Ki y cómo trazarlo.

llegar a un estado de armonía, se deben enviar al mismo tiempo mensajes de sanación a la parte inconsciente de la mente del paciente. Algunos terapeutas refuerzan esta función escribiendo el mensaje en una tira de papel que se coloca sobre el sello y sujetándola con cinta adhesiva.

Hon Sha Ze Sho Nen (Símbolo de la Pagoda)

Es el sello Reiki más poderoso, ya que representa los chakras y los cinco elementos (Tierra, Agua, Fuego, Viento y Vacío). Sus colores son el violeta y el rosa.

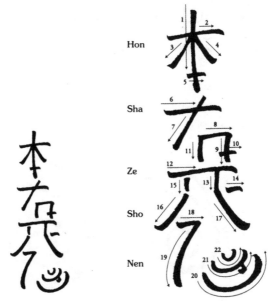

Símbolo Hon Sha Ze Sho Nen y cómo trazarlo.

Este sello se encarga de actuar sobre la parte consciente e inconsciente de la mente. Su principal función es la curación a distancia, especialmente en los casos de recuperación de la salud mental. También es muy eficaz en el apoyo a otras personas, programando y fortaleciendo sus pensamientos.

Se encarga de encauzar la energía para actuar sobre la mente consciente, superando los límites que imponen el tiempo y el espacio. El símbolo es un puente que permite conectar con cualquier tipo de objeto y circunstancia, trabajando en la persona sobre el chakra de la garganta y siendo una vía de acceso a los registros afásicos.

Dai Ko Myo (Símbolo de la Supraconciencia o de la Maestría)

Representa la existencia de la Luz y la Iluminación y se encarga de conectar directamente con estas energías. Algunos le atribuyen ser conciencia derivada de Dios o del mismo Universo.

Símbolo Dai Ko Myo y cómo trazarlo.

Al usar este símbolo se incrementa la capacidad de percepción y el grado espiritual. En casos más avanzados, puede conseguir elevar la conciencia para atraer, como si de un imán se tratara, una mayor paz espiritual y misericordia. Cuando se utiliza junto a los símbolos anteriores, se agrega y eleva el elemento Luz. Su uso viene precedido de diversas situaciones:

- Cuando se precisa de una respuesta instintiva.
- Cuando se está intranquilo y se necesita de un cierto reposo.
- Cuando hay que purificar espacios y sustancias.
- Cuando hay que agradecer algo a alguien.
- Cuando se desea inspirar confianza a los demás.

Raku

Es un símbolo que se emplea cuando se desea iniciar al alguien en el Reiki. Se debe partir de la cabeza del iniciado y

Símbolo Raku y cómo trazarlo.

luego se baja por la columna vertebral. Este símbolo sirve para armonizar los chakras.

Serpiente tibetana de fuego

También es un símbolo de iniciaciones y tiene una función muy parecida al Raku. Se encarga de abrir el aura del alumno para recibir la Iniciación y equilibrar al tiempo todos los chakras. Se utiliza al principio y al final de la inicialización para cerrar el proceso y se empieza por la cabeza, pasa por los diferentes chakras y se enrosca en espiral en el coxis.

Dragón de fuego tibetano

Tiene un total de nueve curvas y entre sus funciones destaca la activación del Kundalini, la eliminación de los problemas de columna y la armonización de chakras.

6. La práctica del Reiki

El Reiki se originó en el Tíbet o en la India y viajó por todo el mundo siguiendo las migraciones de los primeros budistas de las escuelas Theravada y Mahayana. A partir de ahí llegó al Japón donde se inicia la historia del Reiki que conocemos ahora. El proceso de curación ha trascendido culturas, lenguas y religiones, llegando a cualquier punto del planeta. El Reiki ofrece la posibilidad de que cualquier persona se convierta en sanadora tras recibir una correcta transmisión de la enseñanza Reiki.

Sensibilidad al dolor

Los terapeutas suelen percibir en seguida el dolor en la zona del cuerpo en que la persona está recibiendo la energía. Esa sensación es un barómetro de la energía que el receptor necesitará para equilibrar el área donde se halla localizado el dolor.

El Reiki ni quita ni añade dolor a una determinada zona. En la mayoría de las ocasiones, cuanto más Reiki se recibe, mayor sensibilidad hacia el dolor se tiene. Suele entonces la persona distinguir nítidamente el origen de la energía y controlar la influencia que provoca. Sólo la experiencia ayuda a conocer las diferencias entre una sensación de dolor y una situación de equilibrio energético.

Cuando el Maestro de Reiki impone las manos sobre un paciente, éste inmediatamente experimenta una sensación de calor u hormigueo.

Causas emocionales de las enfermedades

Accidentes
Manifestaciones de ira, frustración, rebeldía.

Amigdalitis
Creatividad sofocada.

Anorexia y bulimia
Odio a sí mismo, sentimiento de no ser apreciado por los demás y de no estar al nivel de lo requerido.

Anquilosamientos
Inflexibilidad, temores, resistencia al cambio.

Apoplejía
Pensamiento negativo, pérdida de la alegría de vivir.

Artritis
Autocrítica y perfeccionismo.

● *Asma*

Deseo de ser mimado, remordimientos y complejo de inferioridad.

● *Cáncer*

Resentimiento profundo, desconfianza, autocompasión, desesperación.

● Cáncer de mama
Resentimiento profundo como condición de madre.

● Corazón, ataque al
La supresión brusca del amor y la felicidad.

● Diarrea
Temor a retener.

● Dolor
Culpabilidad que busca el castigo.

● Edemas
Mentalidad estancada, temores inexpresados.

● Enfisema
Negación de la vida, inferioridad.

● Espalda, dolor de
Falta de comprensión emocional, búsqueda de ayuda, remordimiento, agotamiento.

● Estómago, dolor de
Incapacidad para digerir ideas y experiencias. Miedo.

● Estreñimiento
Incapacidad para abandonarse.

● Fiebre
Ira.

● *Frigidez*
Miedo, remordimientos sexuales, falta de autoestima.

● *Garganta, dolor de*
Miedo al cambio, incapacidad para expresarse.

● *Genitales*
Rechazo de la sexualidad.

● *Inflamaciones*
Ira.

● *Jaquecas*
Ira y perfeccionismo.

● *Laringitis*
Irritación.

● *Oídos*
No admitir lo que dicen de uno.

● *Peso excesivo*
Necesidad de protección, inseguridad.

● *Próstata*
Autoestima baja y orgullo sexual herido.

● *Pulmones*
Incapacidad de dar y recibir energía vital.

- ### Síndrome premenstrual
  Baja autoestima como mujer, remordimientos sexuales.

- ### Sinusitis
  Irritación causada por alguien.

- ### Tumores
  Ofensa antigua que atormenta y no se olvida.

- ### Úlceras
  Miedo, falta de autoestima, dudas.

- ### Vaginitis
  Desaire infligido por la pareja, sentimientos heridos.

- ### Vejiga, infecciones de
  Contrariedad, retención que perjudica.

Duración de los tratamientos

Una sesión de Reiki suele tener una duración de una hora aproximadamente en un adulto y de una media hora en el caso de un niño. En ocasiones sucede que una persona siente un alivio inmediato de los síntomas mientras que en otras puede experimentar un empeoramiento o que el dolor se torne más intenso. Esto significa que la curación tiene lugar en un nivel inferior. Cuando se avanza en el proceso de curación, da lugar a un incremento en la intensidad de los síntomas, aumento que remite al cabo de poco tiempo.

Es recomendable una aplicación diaria de Reiki, aunque sólo sea de veinte o treinta minutos, ya que ello ayuda a mantener activo el sistema inmunológico y a equilibrar el organismo de cara a mantenerlo alerta frente a la enfermedad.

El equilibrio de los chakras en el sistema endocrino

El buen funcionamiento del organismo depende en gran medida de la armonía que exista entre el sistema endocrino y los chakras correspondientes. Las glándulas endocrinas secretan hormonas que transportan la información por todo el organismo y que son capaces de estimular o inhibir la actividad de los órganos. Las hormonas, no hay que olvidarlo, son las encargadas de funciones tan importantes como el crecimiento, la capacidad del organismo para sanar, su resistencia al estrés o la reproducción.

Los chakras son centros energéticos que canalizan el flujo de energía, indispensable para la armonía vital del organismo. Cada chakra, tal y como puede verse en el recuadro adjunto, tiene asociado un órgano vital que responde a la vibración energética recibida, reaccionando y respondiendo en correspondencia.

Puede suceder que algún chakra se halle en desequilibrio como consecuencia de algún trastorno o de una situación de estrés físico, emocional o espiritual del individuo. Al imponer las manos sobre esa zona, se restablece la armonía, se libera la energía bloqueada y se impide la enfermedad física que podría derivarse.

El sistema endocrino y los chakras

1.er chakra	Raíz	Cápsulas suprarrenales
2.º chakra	Sacro	Testículos / Ovarios
3.er chakra	Plexo solar	Cápsulas suprarrenales
4.º chakra	Corazón	Timo
5.º chakra	Garganta	Tiroides
6.º chakra	Tercer ojo	Pituitaria
7.º chakra	Coronilla	Hipotálamo

El chakra raíz (Muladhara)

Se localiza en la zona en la que el sacro se une al coxis y en la zonca dentro inferior del hueso púbico. Su función es la localización de la energía Kundalini, la expresión creativa y la abundancia. Esta energía controla las cápsulas suprarrenales, los riñones y todo el sistema nervioso, pudiendo acarrear enfermedades que afecten a las piernas o a las caderas. La energía emocional se asocia a la supervivencia, a la voluntad de vivir, a la confianza, a la autoaceptación, a los signos de vitalidad.

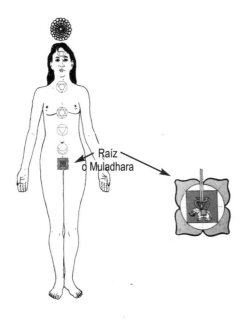

Raíz
o Muladhara

Los síntomas de temor bloquean estas energías y ello puede verse en distintos signos corporales como cruzar constantemente las piernas.

Causas emocionales de las enfermedades que afectan al chakra raíz

- **Ano:** Sugiere culpa sobre el pasado e impedimento para liberarse del dolor.
- **Caderas:** Temor a avanzar en las decisiones importantes de la vida.
- **Ciática:** Relacionado con una actitud hipócrita y temor al futuro y a la ausencia de dinero.
- **Nalgas:** Falta de poder.

- **Piernas:** Temor a avanzar en la vida o trauma infantil que impide la toma de decisiones.
- **Problemas renales:** Sentimiento de vergüenza y decepción ante situaciones de la vida.
- **Rodillas:** Incapacidad de ser flexibles y temor a que dañen el orgullo personal.
- **Varices:** Indicio de infelicidad, sensación de estar sobreexplotado.

El chakra sacro (Svadhistana)

Se localiza entre el sacro y el ombligo y su función es regular la actividad sexual y ser el centro controlador de las funciones emocionales. Controla la sexualidad, la creatividad personal, los lazos familiares, las pautas de conducta social y la conciencia, todo lo que afecta más directamente a las emociones. Una sensación de amenaza en estas áreas puede bloquear dichas energías, así como la falta de autoaceptación y autoestima. Estas energías controlan todo lo relacionado con las funciones fluidas del organismo y los órganos reproductores. El lenguaje corporal que adoptan quienes tienen bloqueada esta energía es visible al sentarse con la cadera apoyada en el respaldo del asiento y con las manos enlazadas por delante o bien por detrás.

Causas emocionales de las enfermedades que afectan al chakra sacro

- **Aborto:** Miedo a afrontar el futuro.
- **Apendicitis:** Flujo de energía bloqueada que conlleva un cierto temor a la vida.

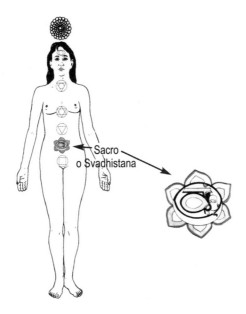

Sacro
o Svadhistana

- **Diarrea:** Miedo a las cosas que nos sustentan.
- **Enfermedades venéreas:** Culpabilidad sexual.
- **Espasmos menstruales:** La mujer se aferra a un temor asociado a la culpabilidad. Negación de la energía sexual.
- **Esterilidad:** Temor y rechazo a la vida en general.
- **Estreñimiento:** Refleja un temor sucedido en el pasado, rechazo al cambio.
- **Frigidez:** Temor al placer.
- **Hernia discal:** Sensación de aislamiento.
- **Hueso púbico:** Sensación de protección genital.
- **Infecciones urinarias:** Actitud negativa hacia el sexo opuesto.
- **Parte inferior de la espalda:** Falto de sustento económico.

- **Problemas en la vejiga:** Aferrarse a ideas antiguas, ansiedad.
- **Testículos:** Temor y rechazo a la energía sexual.
- **Tumores fibrosos o quistes:** Asociado a un golpe en el orgullo.
- **Vaginitis:** Culpabilidad sexual.

El chakra plexo solar (Mani Pura)

La localización del chakra plexo solar se da entre el ombligo y la base del tórax y su función es ser centro de poder y sabiduría. Su energía emocional lo vincula hacia otras personas y cosas, hacia su relación con el entorno, a la eliminación del estrés o hacia el sentimiento visceral acerca de las personas. Cualquier temor o ansiedad en relación a todo lo que se encuentra en su entorno bloquea esta energía y es fácil observar a la persona afectada por este bloqueo cuando se cruzan las manos sobre el área del estómago o se dejan objetos largo rato sobre el regazo. Estas energías controlan órganos como el estómago, el hígado, la vesícula biliar, el sistema digestivo o las cápsulas suprarrenales. La energía reprimida bloquea el ámbito celular, dando lugar a episodios como cáncer, artritis, problemas digestivos tales como estreñimiento o diarrea o afecciones cardiacas debidas al miedo al poder.

Causas emocionales de las enfermedades que afectan al chakra plexo solar

- **Artritis:** Sentirse despreciado por los demás.
- **Bazo:** Obsesiones múltiples.

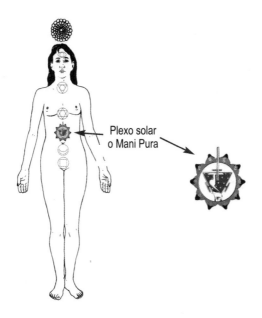

Plexo solar
o Mani Pura

- **Cálculos biliares:** Orgullo negativo.
- **Cápsulas suprarrenales:** Sentimiento de fracaso o de abandono.
- **Diabetes:** Profunda tristeza, necesidad de control.
- **Eructos:** Consecuencia de engullir los alimentos demasiado rápido debido a un temor a que se agoten los recursos.
- **Flatulencias:** Ideas no digeridas, miedo y temor.
- **Gastritis:** Vivir con un sentido de incertidumbre.
- **Hígado:** Los problemas hepáticos suelen deberse a un ira que no ha podido expresarse.
- **Indigestión:** Ansiedad y pavor.
- **Náuseas:** Rechazo a nuevas ideas y experiencias.
- **Obesidad:** Huir de los propios sentimientos.

- **Problemas de apetito:** Necesidad de protección y de juzgar las propias emociones.
- **Problemas de estómago:** Temor a asimilar algo nuevo y desconocido.
- **Úlceras pépticas:** Deseo insatisfecho de complacer a los demás y sentimiento de ansiedad.

El chakra corazón (Anahata)

Se localiza en el centro del pecho, en la zona del esternón. Su función primordial es el amor y la compasión. Controla la energía emocional del pensamiento holístico, los sentimientos impersonales y el amor incondicional, la tolerancia, la empatía y la compasión. Las heridas emocionales bloquean el amor incondicional y la confianza en los demás. La persona que cruza sus brazos ante el pecho, como si llevara consigo una serie de libros o coloca una carpeta o un cojín en esta zona esta bloqueando el flujo de energía hacia este lugar.

Causas emocionales de las enfermedades que afectan al chakra corazón

- **Ansiedad:** Desconfianza ante el flujo de la vida.
- **Arterias:** Negación ante la alegría de la vida.
- **Asma:** Sensación de asfixia por amor, llanto reprimido y sensación de ahogo.
- **Desequilibrio del corazón:** Falta de alegría e incapacidad de amar a los demás.
- **Dolor en la espalda:** Bloqueo emocional, sensación de ir con una «mochila» demasiado pesada por la vida.

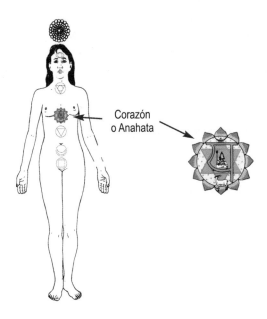

Corazón
o Anahata

- **Pecho:** Temor a sentirse mimado.
- **Pulmones:** Incapacidad para aceptar la vida, desesperación, emociones no cicatrizadas.

El chakra garganta (Vishudda)

Se localiza en el área de la garganta y su función es la comunicación. Está vinculado a la energía emocional relacionada con la creatividad, la vitalidad personal, la capacidad de expresión y la confianza en sí mismo y en los demás. La supresión de los elementos citados bloquea este flujo de energía, así como una comunicación frustrada o una actitud reacia al compromiso. Esta energía controla órganos tales como la glándula tiroidea, el esófago o los músculos del cuello. Es fácilmente visible en las personas que carraspean continuamente, que llevan collares o corbatas permanentemente o que se llevan la mano a la barbilla.

Causas emocionales de las enfermedades que afectan al chakra garganta

- **Amigdalitis:** Emociones reprimidas y desconfianza ante el futuro.
- **Bronquitis:** Imposibilidad de expresar la propia tristeza. Rechazo a vivir la vida plenamente.
- **Garganta:** Creatividad ahogada, ira contenida y rechazo al cambio.
- **Gripe:** Miedo al entorno, sistema inmunitario débil.
- **Halitosis:** Sentimientos contenidos de furia y rabia. Experiencias bloqueadas no resueltas.
- **Hipertensión:** Sentimientos de frustración por no disponer de la libertad suficiente; sensación de darse más a los demás que a sí mismo. Problemas emocionales no resueltos.
- **Hipotensión:** Sensación de no haberse sentido estimado durante la infancia, fracaso y rendición.
- **Problemas cervicales:** Inflexibilidad e intolerancia.
- **Problemas de mandíbula:** Sentimientos de ira, deseos de venganza que provocan rigidez.
- **Problemas nasales:** Necesidad de amor.
- **Problemas en la dentición:** Indecisión.
- **Problemas de tiroides:** Sensación de sentirse herido o humillado.

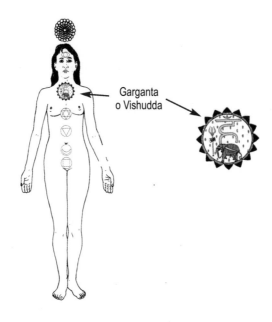

Garganta
o Vishudda

El chakra tercer ojo (Ajna)

Situado dos centímetros y medio por encima del centro de las cejas. Su función es ser centro de la voluntad y de la clarividencia y es capaz de dirigir su energía emocional al hemisferio cerebral izquierdo para controlar la visión de futuro y la voluntad, la firmeza, la elección, las acciones programadas. Cuando dirige la energía hacia el hemisferio derecho potencia la naturaleza creativa y artística y todo lo relacionado con la naturaleza femenina. Las personas que tienen bloqueado este flujo de energía suelen frotarse con frecuencia las cejas, apoyan las manos en la frente para estudiar o fruncen el ceño en caso de hallarse ante una confusión. Su energía controla la glándula pituitaria y el resto de glándulas del sistema endocrino así como el hipotálamo y el sentido del oído y el olfato. Los bloqueos pueden producir dolores de cabeza, desequilibrios hormonales, vértigos, depresiones o problemas oculares y de oído.

Causas emocionales de las enfermedades que afectan al chakra tercer ojo

- **Arteriosclerosis:** Resistencia a ver el lado optimista de la vida.
- **Cataratas:** No mirar hacia el futuro.
- **Dolor en los oídos:** No ser receptivo con el entorno.
- **Estrabismo:** Miedo a observar el presente.
- **Glándula pituitaria:** Sensación de tener anulada la voluntad, depender siempre de la decisión de otros.
- **Glaucoma:** Sentirse desbordado por los acontecimientos.
- **Hipermetropía:** Miedo al presente.

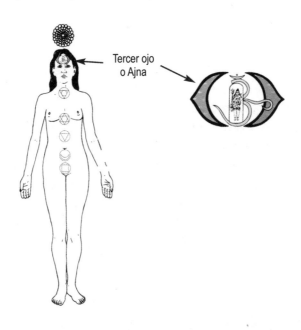

Tercer ojo
o Ajna

- **Miopía:** Miedo al futuro.
- **Problemas generales de visión:** Incapacidad para ver el presente con claridad.
- **Pérdida de equilibrio:** Pensamientos dispersos.
- **Vértigo:** Sensación de querer huir siempre y no ver la realidad.

El chakra coronilla (Sahasrara)

Se halla en la parte superior de la cabeza, en la zona de la coronilla y conecta directamente con el yo más espiritual. Transporta la energía emocional relacionada con la globalidad, con el desarrollo interior, con la conciencia y la Unidad de todas las cosas. Al bloquear esta energía se percibe una cierta sensación de soledad y se producen trastornos psicóticos graves,

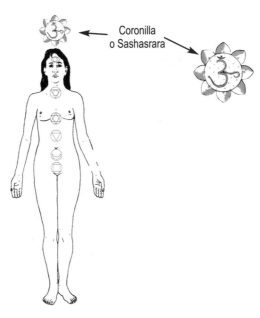

Coronilla
o Sashasrara

aflicción e incapacidad de enfrentarse a la realidad. La persona que padece un bloqueo suele llevarse con frecuencia las manos a la cabeza y mesarse el cabello. Esta energía bloquea la glándula pineal produciendo problemas de horarios y trastornos en el ritmo circadiano.

Causas emocionales de las enfermedades que afectan al chakra coronilla

- **Desmayos:** Interrumpir el flujo de la vida.
- **Epilepsia:** No ser leal con los más cercanos, sensación de sentirse forzado en la vida.
- **Problemas cerebrales:** Incapacidad de un cierto pensamiento lógico si afectan al hemisferio izquierdo; incapacidad para la comprensión, la creatividad y la sensibilidad al entorno si afecta al hemisferio derecho.

El flujo energético

El mayor inhibidor de la armonía que debe regir en el organismo es el estrés, por lo que las manos del terapeuta deben trabajar para disminuirlo, ya que ello permite al cuerpo que pueda curarse por sí mismo.

Al aplicar las manos sobre la cabeza, se produce una activación de la energía en las glándulas pineal y pituitaria. La primera se encarga de regular la cantidad de Luz que puede penetrar en el cuerpo, también se encarga del desarrollo sexual de la persona y de la pigmentación de la piel. La glándula pituitaria se encarga de realizar el estado de la mente, regular el sueño, el crecimiento y los fluidos orgánicos. También es la encargada de estimular al organismo para que reemplace las células muertas y de aguzar los sentidos del olor y el tacto.

La energía influye directamente sobre la glándula tiroidea cuando el terapeuta impone sus manos sobre el área de la garganta. Dicha glándula es la encargada de regular el nivel de yodo en el organismo, favorecer la digestión y generar tejido nervioso y cerebral. El resto de glándulas paratiroideas también son muy importantes ya que regulan los niveles de calcio y fomentan la sensación de sosiego.

El timo es el encargado de producir las células que protegen el organismo de la enfermedad. Al depositar las manos sobre el chakra corazón la energía se desplaza hasta ese lugar e influye directamente en la regeneración celular.

Al imponer las manos sobre los riñones se estimula la función sexual, ya que las glándulas suprarrenales se activan y con ello se regula la fertilidad y los estados emocionales.

La sesión terapéutica

El Reiki cura al pasar a través de la parte afectada del campo energético, elevando el nivel vibratorio dentro y fuera del cuerpo físico, esto es, allí donde se alojan los sentimientos y las emociones, lo que otorga bienestar, plenitud, armonía y equilibrio.

En una sesión de Reiki se pueden experimentar diversas sensaciones y todas ellas son indicativas de algo concreto:

- **Frío:** Bloqueo energético debido a una falta de energía yin (femenina). A mayor sensación de frío, mayor es el bloqueo.
- **Calor:** Tensión. Falta energía yang (masculina). Problemas fáciles de eliminar.
- **Hormigueo:** Suelen ser indicativos de problemas físicos en la zona tratada o bien de trastornos a punto de manifestarse.
- **Vibración:** Indica un problema persistente al que hay que dedicar atención.
- **Rigidez:** El receptor absorve la energía.
- **Dolor ligero:** El bloqueo está pronto a resolverse.
- **Pulsaciones:** Significa que el proceso se desarrolla con total normalidad.
- **Rechazo:** El receptor se resiste a liberar en ese momento.
- **Adherencia:** El Reiki necesita actuar allí donde se produce.
- **Presión:** Lugar concreto donde el Reiki necesita actuar urgentemente.

Cómo sanar a otros

La persona que administra el tratamiento debe sentirse cómoda para que las distintas posturas no le causen una fatiga excesiva.

Las primeras posturas, la del chakra de garganta y la del chakra Cordial. Se posicionan las manos con suavidad sobre los ojos de la persona, de manera que ésta alcance un alto grado de relajación. También servirá para equilibrar los hemisferios cerebrales. Seguidamente se impondrán las manos sobre las mejillas, colocando los meñiques junto a las orejas, actuando así sobre el Chakra Corona y el Tercer ojo.

En la tercera postura las manos se sitúan bajo la cabeza previamente alzada por el terapeuta. Esta postura afecta a los chakras Corona, Tercer ojo y Cuerpo Causal y se tratan los desequilibrios que afectan al cerebro, los ojos, los oídos y el sistema nervioso central.

Al actuar sobre el chakra de la garganta y depositar las manos en esta zona, algunas personas pueden tener una sensación de pánico. En estos casos, es mejor situar las manos a unos milímetros de distancia.

Luego se pasa a actuar sobre el chakra del corazón, dejando las manos en la zona del pecho hasta que el terapeuta perciba un cierto equilibrio energético.

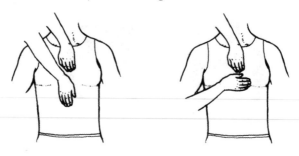

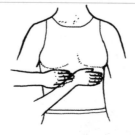

Desde un costado, se dejan las manos en el plexo solar, actuando sobre los órganos superiores de la digestión (hígado, vesícula biliar y páncreas).

Cuando se pretende actuar sobre el torso se disponen las manos, una en horizontal y la otra en transversal respecto al cuerpo. Las manos se depositan sucesivamente en el cuadrante superior derecho, superior izquierdo, inferior derecho e inferior izquierdo.

Luego las manos se llevan más abajo de la cintura para actuar sobre el chakra abdominal. Ambas manos se dejan sobre el hueso del pubis ya que de esta manera se influye en el aparato excretor y reproductor.

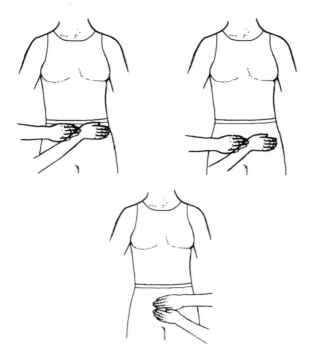

Las posturas para las rodillas y tobillos requieren que el terapeuta se sitúe sobre esta zona imponiendo sus manos para restablecer el equilibrio circulatorio y finalizando sobre las plantas de los pies.

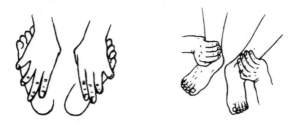

En estos momentos, la persona que se está sometiendo a Reiki suele girarse boca abajo, para que el terapeuta inicie su imposición de manos en la parte posterior de la cabeza, la persona vuelve la cara hacia un lado y se coloca una mano sobre el chakra Corona y la otra sobre el surco occipital. La posición siguiente actúa sobre la parte posterior del cuello.

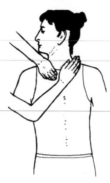

Hecho esto, se pasa a actuar sobre las tres posturas correspondientes a la espalda. Las manos pueden colocarse juntas o en paralelo, afectando entonces a los chakras Cordial, del plexo solar y del abdomen. Esta imposición de manos resulta muy ventajosa para los casos de hipertensión, para el drenaje y buen funcionamiento de los riñones y para corregir los estados de estrés y las dolencias de espalda.

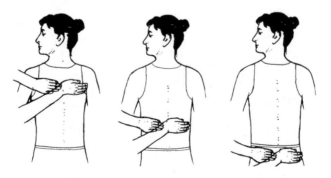

El terapeuta se sitúa de nuevo cerca de las rodillas para actuar sobre la parte posterior de estas y sobre la parte posterior de los tobillos. Algunos terapeutas imponen al mismo tiempo una mano sobre la rodilla y otra sobre el tobillo. Para finalizar se actúa sobre la planta de los pies, imponiendo las manos sobre la parte central de las plantas, que es el lugar donde se localizan los chakras. Esta postura integra y completa el proceso de curación.

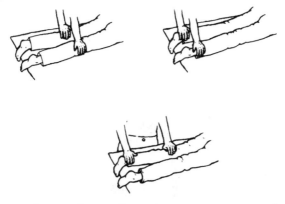

Algunos terapeutas prefieren hacer unos pases a lo largo del cuerpo para evacuar de esta manera el exceso de energía. Estos pases largos desde la cabeza hacia el torso hacen que las manos del terapeuta se muevan dentro del aura del paciente, y ello ayuda a la toma de fundamento por parte de la persona receptora y despierte con una sensación muy agradable.

Cuando la persona se halla en disposición de levantarse y caminar debe tomar un vaso de agua y tratar de situarse en el entorno, ya que lo más normal es que se halle desorientada o ligeramente mareada. También pueden haber ciertas reacciones emocionales que pueden durar entre unas horas o varios días, aunque la mayoría de las personas se sienten magnífi- camente bien después de una sesión y en los días sucesivos. Los cambios que suceden durante una sesión de Reiki son permanentes y otorgan un ánimo positivo irremplazable.

Autotratamiento

- Si se trata de curar **dolores de cabeza, migrañas, ataques de apoplejía, alergias, congestión respiratoria o problemas gingivales,** es recomendable cubrir la cara con las manos de manera que las yemas de los dedos toquen la frente y se hallen un tanto abiertas para permitir la respiración.

- Si la persona padece **estrés** se deben colocar las yemas de los dedos en la línea central de la coronilla de la cabeza, apoyando las manos a ambos lados de la cabeza.

- Si se han producido **problemas oculares o hemorragias nasales,** entonces deben apoyarse las manos en la parte posterior de la cabeza, en la parte inferior del cráneo. De esta manera, se extienden los dedos hacia arriba, tocándose los dedos pulgares entre sí.

- En el caso de ser necesaria la **estimulación del sistema inmunológico o problemas metabólicos o de origen nervioso,** entonces se deja una mano sobre la garganta mientras que la otra se deja sobre el pecho, justo por debajo de la otra.

- Los **trastornos linfáticos y pulmonares** se modulan en el chakra del plexo solar, colocando las manos bajo la línea del pecho, de modo que las yemas de los dedos corazón se estén tocando.

Desde la posición anterior, se desplazan las manos hacia abajo un palmo hasta llegar a la línea de la cintura. Las yemas de los dedos se tocan y se encuentran en la línea central del cuerpo, de modo que se actúa directamente sobre la vesícula biliar, los problemas derivados de los cálculos biliares, la colitis, la acumulación de mucosidad, problemas digestivos y trastornos del metabolismo del azúcar en la sangre.

- Para los desequilibrios específicos del **colon inferior, trastornos digestivos, intestino delgado,** etc., se colocan las manos por debajo de la línea de la cintura, tocándose las yemas de los dedos en la línea central del cuerpo.

Desde esta misma posición, y con las yemas de los dedos apuntando al hueso púbico se corrigen los trastornos sexuales de todo tipo, los dolores menstruales, las infecciones en la vejiga y el tracto urinario.

- Los problemas originados en la **columna vertebral** y los procedentes de una cierta **tensión en la zona cervical** se pueden corregir colocando la mano derecha sobre el omóplato izquierdo mientras que la mano izquierda se sitúa sobre el derecho.

Corregir desequilibrios específicos

Para corregir ciertos desequilibrios específicos existen una serie de posiciones especiales que vale la pena considerar.

- En los casos de **dolor de oído, sordera o pérdida del cabello,** se coloca el dedo corazón suavemente sobre la abertura del oído y los dedos anular y meñique quedan justo detrás del oído.

- En caso de **problemas de hipertensión o hipotensión arterial, ataques de apoplejía o migrañas** se coloca una mano en la parte posterior de la cabeza y la otra en la parte del cuello. Esta zona debe tratarse hasta que el flujo de energía se haya equilibrado. Entonces se colocan la mano en posición inversa. Cuando se da el caso de una hipertensión muy elevada, el tratamiento con las manos en el cuello no debe durar más de diez segundos la primera vez, aumentando progresivamente ese tiempo en sucesivas sesiones.

- Para **estimular un sistema inmunológico frágil** se debe colocar una mano sobre el timo, mientras que la otra se deposita sobre el bazo. De este modo se devuelve el equilibrio a los chakras tercero y cuarto.

- En el caso de **mala circulación en las piernas, varices, o trastornos del sistema linfático inferior** se debe colocar una mano en la parte interna del muslo mientras que la otra se sitúa sobre la ingle.

- Cuando se trata de **mejorar la circulación sanguínea o los trastornos del sistema linfático** se debe colocar una mano bajo un brazo en la zona de la axila hasta que se note un cierto equilibrio en la energía.

- En el caso de **disfunciones respiratorias** se colocan ambas manos en la parte superior del pecho, una con los dedos apuntando hacia los hombros y la otra apuntando con los dedos hacia abajo. Deben permanecer ambas manos así hasta que se advierta una disipación de la energía o bien ésta se haya equilibrado. El hecho de que las manos apunten cada una hacia una dirección diferente es para que la energía pueda trazar un círculo.

- Para los **problemas de próstata y hemorroides** se debe apoyar una mano sobre la parte inferior de la espalda en dirección perpendicular al eje del cuerpo, mientras que la otra se deposita sobre la línea central de la base de la columna vertebral, con los dedos apuntando hacia abajo y el dedo corazón entre los glúteos.

- Si se trata de **prevenir el estrés** se coloca una mano sobre la base de la garganta, en la zona del tiroides, mientras que la otra se sitúa en el centro del plexo solar. Tal posición debe mantenerse hasta que se produzca la sensación de disipación de energía o bien que esta haya restablecido.

- En los casos de **escoliosis** se colocan ambas manos sobre los músculos trapecio, a ambos lados del cuello, hasta que la energía se haya disipado. Posteriormente se van desplazando las manos una a una por la espalda hasta que se haya abarcado toda por completo y para finalizar se dejan sobre la parte inferior de la espalda.

- Para tratar el **nervio ciático** se coloca una mano en el hueso sacro, con los dedos mirando hacia abajo, mientras que la otra mano se deja junto a la otra, pero con los dedos apuntando en la dirección opuesta. Luego la mano va descendiendo por la pierna palmo a palmo hasta alcanzar la rodilla. Partiendo de esta posición, se dejan ambas manos a cada lado de la pierna, presionándola suavemente desde los laterales.

Otros tratamientos con Reiki

- Al liberar el flujo de energía a través de los brazos no sólo **mejora la circulación sanguínea** sino que se **fortalece el sistema inmunológico** y mejoran enfermedades como la artritis, las infecciones de cualquier tipo y las fracturas óseas. Cuando se libera el flujo de energía a través de las piernas mejora todo tipo de artritis que afecten a las extremidades inferiores así como todo tipo de fracturas óseas.
- Para **aumentar la energía** en el cuerpo de una persona se coloca la mano izquierda en la coronilla y la mano derecha en la base de la columna derecha.
- Si se pretende **liberar la tensión de la columna vertebral,** se colocan los dedos pulgar y corazón de la mano derecha sobre la base occipital del cráneo y la mano izquierda en la base de la columna vertebral. Esta posición debe mantenerse hasta que se advierta la sensación de sincronización. Luego, se desplazan progresivamente hacia el centro, sin que pierdan nunca el contacto con el cuerpo.

Sesiones en grupo

Cuando se inicia un trabajo en grupo, es importante que todos los participantes estén sincronizados entre sí. Ello se consigue cogiéndose de las manos, respirando hondo varias veces y tratando de hallar cada uno su propio centro. Tras este preliminar, la energía del grupo es uniforme y la duración del tratamiento de Reiki sobre un paciente es mucho menor.

Para conectar un grupo de personas es preciso que se sienten en círculo y coloquen su mano derecha sobre el corazón de la persona sentada a su derecha, de forma que la unidad y la armonía presidan el grupo. Sólo hay que respirar hondo para experimentar la energía del Reiki y el amor mutuo.

En una sesión de Reiki en grupo todos los participantes deben tener el nivel de Reiki I y el número de participantes puede estar entre dos y ocho o nueve miembros.

Un terapeuta suele colarse junto a la cabeza de la persona a sanar, encargándose de dirigir la sesión. Si el número de terapeutas es de dos personas, uno de ellos se encargará de las posturas desde la cabeza hasta el chakra Cordial y el otro empezará en el plexo solar para terminar en los pies. Si son tres los terapeutas, uno se encarga de la cabeza, otro del plexo solar y el tercero se encarga de las piernas y los pies.

La persona que se encarga de las extremidades inferiores suele percibir de manera muy intensa todas las variaciones de la energía que se van produciendo que en ocasiones pueden llegar a ser muy intensas. Si este es el caso, es mejor retirarse un tanto para quedar fuera del alcance de estos flujos de energía, ya que la transmisión de pasajes de la vida pasada o comunicaciones con la persona puede afectar emocionalmente al terapeuta.

La persona a la cabeza de la receptora lidera la sesión. Todos posicionan las manos sobre el cuerpo de la persona receptora y sincronizan sus respectivos movimientos. Cuando la persona líder ha completado todas las posturas de cabeza y las demás personas han hecho lo propio con su propia área, todos al unísono han de levantar las manos. La persona receptora se sitúa en decúbito prono y se reanuda la sesión con el mismo protocolo.

Cuando diferentes manos alinean un canal energético como el raquis se suscita un tremendo flujo de energía Reiki a través de la columna vertebral. Los terapeutas experimentados suelen notar ese flujo de energía que en ocasiones va en sentido ascendente y descendente. Es habitual que la persona receptora se sienta desorientada o confusa durante un cierto tiempo.

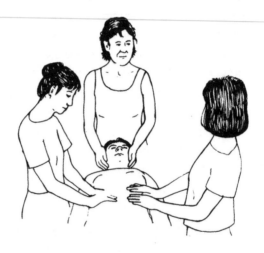

Curación a distancia

El Reiki puede transmitirse a otras personas a gran distancia. Y es que el cuerpo humano puede funcionar como un gran receptor esté donde esté. El Reiki se basa en las leyes naturales que pueden transferir energía salvando grandes distancias.

Normalmente se trata de un método que suele aplicarse a una persona que ya ha recibido tratamiento. También puede aplicarse Reiki a distancia como una terapia adicional a una sesión tradicional.

El terapeuta debe concentrarse en el cuerpo de la persona a la que desea transmitir energía, ya que la curación a distancia actúa en el cuerpo mental. El entrenamiento mental se desarrolla mediante visualizaciones complejas. El terapeuta aprende a acceder a otros mundos en busca de útiles para la curación que le suponen una cierta depuración emocional y mental. Algunos terapeutas tienen una visión muy cercana del proceso de curación hasta el punto de que si se trata de herida se imaginan una aguja y un hilo de coser, y si se trata de una fractura lo hacen invocando a una grapadora o a una cinta adhesiva.

La curación a distancia suele enseñarse en las clases de Reiki II. Se trata de un proceso de visualización realizado en estado meditativo. La visualización requiere crear en la mente una representación de la persona que se desea sanar. Puede ser una imagen visual pero también pueden servir visiones, sonidos, sensaciones táctiles o fragancias.

Enviar energía no sólo significa hacerlo desde la perspectiva del Reiki, también significa enviar amor, enviar Luz o colores, rezar o pensar en alguien, eso también es curación a distancia.

Para realizar Reiki a distancia se puede usar cualquier objeto que recuerde a la persona a sanar, y hacerlo desde un espacio adecuado, tranquilo y en armonía. La meditación con fines terapéuticos no implica necesariamente hacerlo desde un trance profundo.

Debe hacerse, eso sí, en una habitación tranquila, con la Luz atenuada, sentándose en el suelo en la posición de loto o bien en un sofá cómodo, aunque con las piernas y los brazos rectos.

Para acercar la persona a la que haremos una cura a distancia es preciso visualizarla, aunque en un primer momento su visión sea borrosa o tan sólo un contorno indefinido. Seguramente una fotografía de la persona ante nosotros nos podrá ayudar en este cometido.

La persona que se somete a curación debe otorgar permiso para practicar Reiki a distancia ya que de esta manera la transmisión de energía se aprovecha en su totalidad y no se contravienen los principios de la ética terapéutica.

Al enviarle la Luz astral, con toda la gama de colores, se llena el aura de la persona. Luego, se transmiten los símbolos Reiki, potenciando la energía terapéutica. Muchas personas suelen percibir en esos momentos las comunicaciones positivas de los guías. Es el momento de retirarse de la meditación y retornar a la conciencia de lo presente. Y es que al retornar al presente se cierra el círculo energético y no hay una retención de la energía.

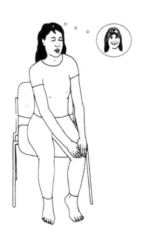

Métodos Reiki para la curación a distancia

Existen cuatro métodos de Reiki para la curación a distancia. El primero consiste en imaginar que estamos ante la persona que debe recibir el tratamiento en una sesión de imposición de manos. Lo más complicado de este método es tratar de mantener la visualización durante el largo rato que dura una sesión. Un segundo procedimiento consiste en imaginar una versión a escala de la persona a la que se somete a tratamiento. Una fotografía puede servir en estos casos para enviar la energía Reiki. La tercera técnica centra la atención no sobre la visualización sino que lo hace sobre un objeto material. Y por último, hay terapeutas que recurren a la personalización de un objeto, al que le atribuyen las características de la persona a sanar.

No hay dos terapeutas que visualicen de la misma manera y sólo el hábito produce la concentración necesaria para tal empresa. Cuanto más se practica la meditación, más fácil resulta y mayor cota de profundidad se alcanza.

Para que la curación a distancia tenga éxito es preciso que la persona que la recibe esté abierta a la recepción energética y desarrolle una sensibilidad psíquica que le dé capacidad de asimilación.

El Reiki y la muerte

El día de la muerte de un ser querido es un momento dramático, pero si se acompaña a esa persona dándole amor, conocimiento y sabiduría, el trance es menos amargo. La muerte constituye una transición en la que cesa todo signo de actividad y llega el reposo, pero también puede entenderse como un paso en la evolución del alma humana. El Reiki constituye así un medio para interiorizar y prepararse para la transición, reforzando la unión con el ser interior que aplicará la energía llegado el momento.

Reiki ofrece en el momento de la muerte la posibilidad de ayudar al que se va, haciendo que su tránsito hacia la Luz sea armonioso. Es un modo eficaz de apoyar a alguien que ha perdido a un ser querido, sobrellevando su aflicción y llenando a la persona de amor.

Tratamiento de niños y bebés

El tratamiento de Reiki para bebés se inicia en el vientre materno ya que es el momento en que esta poderosa energía pueda favorecer su nutrición, los proteja y permita una comunicación fluida y constante con la madre.

El Reiki fluye hacia el bebé sin los impedimentos ni bloqueos propios de los adultos, ya que carecen de temores o convicciones rígidas de cualquier tipo. Una mujer embarazada también puede transmitir Reiki a su bebé en crecimiento, influenciándole con esta energía de por vida.

En el caso de un bebé es importante que al aplicarle Reiki esté ya dormido, ya que estará relajado y recibirá de igual manera sus efectos beneficiosos. Los bebés tratados con Reiki no padecen de manera tan aguda los cólicos del lactante ni otitis dolorosas ni trastornos del sueño. Además, favorece el inicio del proceso de dentición y hace que sea menos doloroso.

Los efectos del tratamiento Reiki sobre un niño son muy evidentes desde el primer momento. La mayoría de padres recurren a esta terapia cuando sus hijos tienen problemas de hiperactividad, pesadillas nocturnas, insomnio, o bien porque han atravesado situaciones de angustia familiar que proceden de la muerte o enfermedad de alguien cercano o de una situación de crisis en la pareja.

En estos casos, los niños se muestran mucho más relajados tras una primera sesión y más receptivos, ya que la energía Reiki agudiza sus sentidos y logra que la persona perciba de manera diferente la vida. También es muy útil en casos de niños con hiperactividad, ya que le ayuda en los procesos de concentración necesarios para el estudio o para la realización de tareas ordinarias cotidianas.

Reiki en animales

Todos los animales, y en especial las mascotas que conviven con personas, tienen tendencia a sufrir estrés, ansiedad o depresión y por consiguiente a enfermar.

Si se detecta a tiempo alguna anomalía en su comportamiento el Riki puede ser una excelente solución, ya que de lo
contrario a medio o largo plazo su nivel físico puede verse afec-
tado al verse alterada la circulación de energía vital por su
cuerpo. Al aplicarse sobre el animal, se fortalece su sistema inmunológico. También resulta muy útil en el caso de alteracio-

nes metabólicas, alivio de tensiones, cura de heridas, artrosis, traumatismos, letargias o depresiones, alivio de ansiedad, etc.

El terapeuta que aplica Reiki sobre una mascota no ve debilitada su propia energía en ningún momento y en seguida se podrá percibir una mayor dosis de relajación en el animal, que suelen responder muy bien a esta terapia, ya que al estar más abiertos y no bloqueados por la duda o el escepticismo, reaccionan más prematuramente que una persona.

La técnica se aplica de manera lenta y respetuosa con el animal, respetando en todo momento la intimidad de su espacio corporal. Muchos de ellos se muestran especialmente conscientes de la energía universal y aceptan los tratamientos de curación con total disponibilidad.

Para lograr la plena armonización hay que transmitirle la confianza necesaria, observarlo con detenimiento y tratarlo con total amabilidad y respeto. Hay que tener en cuenta que la esencia del Reiki es el amor, lo que la convierte en una terapia universal aplicable en cualquier momento y traspasable a cualquier ser vivo. Si el dueño del animal se halla presente durante la sesión de Reiki con el terapeuta, deberá mantener una actitud de serenidad que propicie una sesión eficaz.

Reiki en plantas

También puede realizarse Reiki a las plantas para beneficiarlas en su desarrollo. Como seres vivos y energéticos que son, también pueden percibir la energía universal. Se puede hacer Reiki a las semillas, para que den paso a las raíces, al tronco, a las hojas o al aura. Al aplicarles Reiki, su fuerza se acrecienta, su color mejora notablemente y las flores duran mucho más tiempo. La aplicación de Reiki también las refuerza frente a la amenaza de parásitos.

El tratamiento, en el caso de semillas, consiste en colocarlas en la mano izquierda y aplicar Reiki con la mano derecha, acercándola pero sin llegar a imponer las manos de forma directa. Si se trata de un árbol se puede rodear el tronco con los brazos y en el caso de las hojas, es preciso colocarse frente a la planta y girar las palmas de las manos hasta tocarlas por la parte inferior.

- **Árboles grandes:** Dar Reiki en la base del tronco o sobre la tierra que cubre las primeras raíces.
- **Plantas en maceta:** Dar Reiki colocando las manos sobre la maceta, una variante es colocar las manos cerca de las hojas de la planta.
- **Plantas medianas:** Colocar las manos cerca de las hojas de la planta.
- **Semillas:** Dar Reiki antes de ser sembradas y durante su germinación.

Grados o niveles

Existen cuatro grados de Reiki que el estudiante tiene que superar para aprender la propia experiencia. Los dos primeros niveles (Shoden y Chuden) sirven para sanar el cuerpo físico y el nivel mental o emocional. Para alcanzar la Iluminación es preciso tener un cuerpo sano y una relación entre la mente y el corazón en armonía. El tercer nivel es el Okuden, que permite sanar el karma y las cuestiones espirituales. La Maestría o Shinpiden sirve para enseñar a los demás.

● *Primer grado*

En el primer grado, se despiertan y armonizan cuatro de los centros energéticos o chakras. Las cualidades visionarias de cada persona pueden verse potenciadas, lo que ayuda a experimentar el alma y a hallarse en permanente armonía con el amor. Las armonizaciones se centran en el cuerpo físico, de modo que pueda abrirse a aceptar y transferir energía vital.

- **La Iniciación del centro del corazón** despierta el amor incondicional y armoniza el corazón físico con el corazón espiritual.

- **La Iniciación del centro de la garganta** despierta el ser interior a la confianza y la comunicación. Armoniza la glándula tiroidea y el chakra garganta.

- **La Iniciación del tercer ojo** despierta el poder de la intuición, el conocimiento y la conexión con la voluntad divina de la energía Universal. La armonización tiene lugar en la glándula pituitaria, el centro de la intuición y la conciencia elevada, y en el hipotálamo, que controla el ánimo y la temperatura del cuerpo.

- **La Iniciación del centro de la coronilla** alinea con una forma más elevada de energía y con la conciencia espiritual. Armoniza la glándula pineal así como el chakra coronilla de un modo etéreo.

Segundo grado

En el segundo grado se aprende la curación a distancia. En este ámbito, la energía se ocupa de las causas mentales y emocionales de la enfermedad, poniendo especial énfasis en adecuar antes el cuerpo etéreo que el físico. Se estimula el centro intuitivo localizado en la glándula pituitaria. Como consecuencia del aprendizaje de este segundo grado los practicantes ven cómo se alinean en mayor medida con su Yo superior.

Tercer grado

En el tercer grado se abren y armonizan los centros energéticos inferiores. Es el primer paso para convertirse en Maestro de Reiki. El programa de aprendizaje dura aproximadamente dos años durante el cual el alumno trabaja con el fin de pasar al estadio superior de Maestro.

● *Cuarto grado*

En el cuarto grado se inicia una senda plagada en la que prima el crecimiento personal. El alumno toma la vara del Maestro de Reiki y pone su vida al servicio de la causa con todos sus sentidos y con plena dedicación.

Cómo enseñar Reiki

Cuando una persona ha realizado los tres niveles de Reiki ya está preparada para enseñar esta disciplina. La disposición para su práctica procede de haber aprendido y utilizado correctamente el material y al tiempo vivir el Reiki como una parte más de la vida cotidiana.

Cuando el alumno finaliza cada uno de los niveles, lo completa con una Sintonización para cada uno de los grados.

La Sintonización la debe realizar directamente un Maestro de Reiki. No hay que olvidar que Reiki es ante todo un sistema de sanación por lo que el principal objetivo de la formación ha de ser la de convertirse en sanador.

La primera práctica que debe realizarse es la sanación a distancia. Esto comporta conocer bien el estado de meditación para realizar sanaciones a personas, a animales, a plantas o bien a lugares. Son sanaciones de orden psíquico. Las principales que deben aprenderse en este tipo de sanación son la meditación, la visualización, hacer sanaciones psíquicas a distancia y utilizar los símbolos del Reiki Cho Ku Rei, Sei He

Ki y Hon Sha Ze Sho Nen, por tanto es preciso aprender y memorizar bien estos símbolos.

A continuación se debe aprender a realizar todos los ejercicios de potencia y a experimentar con la energía del cuerpo humano. Para superar una Sintonización de Reiki se ha saber superar la postura Hui Yin y mantenerla al tiempo que se trazan los símbolos Reiki y se realiza el proceso de Sintonización.

Superado el curso de Reiki III es preciso añadir el Dai Ko Myo al trabajo de sanación y añadir Raku para las sintonizaciones. Se debe aprender a trazar los símbolos para transmitir las sintonizaciones, memorizándolos en el orden preciso.

Uso de la postura Hui Yin

Para pasar una Sintonización se debe conocer la postura Hui Yin, que se efectúa con la punta de lengua colocada en el paladar, detrás de los dientes. La respiración debe ser profunda y ser capaz de aguantar la respiración y exhalar en el momento adecuado. Es necesario saber trazar correctamente los cinco símbolos del Reiki al tiempo que el terapeuta se mueve alrededor del alumno. Ello significa tener una gran capacidad de coordinación.

7. El Reiki combinado con otras terapias curativas

Muchas personas combinan los tratamientos de Reiki con otras técnicas curativas como acupuntura, acupresión, homeopatía o curación por cristales. Muchas de energías que desprenden estas terapias convergen con la energía del Reiki, incrementando el poder de cada terapia.

El Reiki con sonidos

El principio de la acústica se puede aplicar también a nuestro cuerpo. Al penetrar las ondas en el cuerpo, se reproducen por simpatía vibraciones de sus células vivas que refuerzan el sistema inmunitario del organismo. Los órganos vibran así en armonía cuando están sanos, mientras que cuando están enfermos no se produce dicho efecto.

Cada persona tiene su propio tono vibracional así como un tono en cada uno de los diferentes chakras. Muchos sanadores utilizan los tonos para alterar el campo energético de los pacientes y así restablecer su armonía y salud. Al combinar los diferentes tonos, se desbloquea la energía y se carga el aura del cuerpo y los chakras. Combinado con la terapia Reiki, se incrementa el flujo de energía y el efecto armonizador.

Los beneficios de combinar ambas terapias son:

- Se reduce la tensión nerviosa y el estrés.
- Se produce una suave armonización de cada célula corporal.
- Se restablece el equilibrio energético.
- La persona consigue superar depresiones.
- Se equilibra del sistema endocrino.
- Se equilibran los dos hemisferios cerebrales.
- Hay un proceso de sanación física, emocional y espiritual de manera espontánea.
- Mejora la confianza y la autoestima.
- Mejora el aprendizaje, la atención y la creatividad.
- Se equilibran los chakras.
- Induce una relajación completa y profunda.
- Disminuye la ansiedad, la tensión y la agresividad.

La cromoterapia y el Reiki

La cromoterapia es un método de armonización que puede ayudar a paliar diferentes enfermedades a través de la terapia del color. Y es que cada color emite unas vibraciones que ejercen una determinada influencia sobre el paciente, ya sea física, psíquica o emocional.

Todas las personas tienen un aura que los rodea, siendo ocho los colores del campo áurico. Cuando el cuerpo no se halla en armonía, algunos colores aparecen más pálidos o desdibujados. La cromoterapia se aplica para reestablecer el equilibrio energético a través de los colores.

La aplicación de los colores provoca sensaciones diferentes, y es que cada color tiene su propio significado e influye en el pensamiento, en las relaciones y en el comportamiento social.

Los colores tienen la capacidad de calmar, inspirar, excitar, equilibrar o alterar nuestras percepciones, lo que les otorga una cualidad terapéutica muy valorada.

● Rojo

Es el color estimulante, indicado para el tratamiento de desórdenes tales como apatía, anemia, estreñimiento, hipotensión, esterilidad, etc. Aumenta la conexión con la tierra y refuerza las ganas de vivir en el mundo físico. Símbolo de la pasión, es favorable a los órganos situados en el chakra raíz. Se trata de una energía masculina asociada a la vuelta al útero materno.

● Naranja

Es el símbolo de la energía femenina y está influido por la vitalidad física y el intelecto. Favorece los procesos de eliminación y depuración, trata los episodios de pérdidas, de dificultades en la relación, los trastornos mentales y musculares, los calambres, reumatismos, fracturas, cálculos renales y dificultades menstruales. También estimula la energía sexual y potencia el sistema inmunológico. Es muy beneficioso para todos los órganos relacionados con el hueso sacro y permite abrirse a la creatividad de cada uno.

● Amarillo

Es el color del intelecto, por tanto estimula el cerebro y el sistema nervioso, facilita la concentración y mejora los reflejos. También es muy eficaz para curar depresiones y mejorar la digestión de los alimentos. En ese sentido, los alimentos de color amarillo favorecen la pérdida de peso y ayudan a eliminar la grasa del cuerpo humano. Como color suave y cálido, es un eficaz antidepresivo que beneficia todos los órganos del plexo solar.

● Verde

Es el color que da armonía y equilibrio. Con el color verde se pueden tratar cuestiones como el cansancio físico, las heridas, y todo aquello que afecte a la regeneración celular. Es muy útil en la potenciación del sistema inmunológico, y alivia las neuralgias, los trastornos del sueño, la inestabilidad emocional. Contribuye a desarrollar un fuerte amor activo por los demás, y ayuda en la curación de enfermedades relacionadas con los problemas del corazón y los pulmones. Es la plenitud del amor y el pensamiento sustentador de la Naturaleza. Los alimentos verdes desintoxican, hacen que aumente el vigor y la resistencia física y el cuerpo se tonifique.

● Azul o turquesa

El azul incrementa la sensibilidad, refuerza el papel del Maestro interior y otorga sentido de orden y de verdad. Es un excelente aliado para todas las cuestiones relacionadas con la confianza. Se utiliza para todo tipo de infecciones, calma y disminuye las inflamaciones y ayuda en el disfrute de la vida familiar. Relacionado con la garganta, el pecho y la glándula tiroides, es el sustento del sistema nervioso central. El azul oscuro ayuda a conectar con un sentido más profundo de la objetividad y es beneficioso para todos los órganos relacionados con el chakra garganta.

• *Púrpura o violeta*

Simboliza la espiritualidad y la intuición. El púrpura abre la percepción espiritual de las cosas, proporciona éxtais y permite profundizar en la vida espiritual. Además, favorece la integración y el camino hacia la conciencia espiritual. Calma el sistema nervioso, cura el insomnio y los trastornos psíquicos. En un potente depurador que elimina las toxinas del cuerpo humano, cura las inflamaciones como la del nervio ciático. Es un color muy recomendado para paliar angustias emocionales, celos, envidias, miedos o estados de ira o cólera. Suele aplicarse en enfermedades como el asma, el bocio, la epilepsia, la irritación de la piel, el lumbago, la meningitis o la pérdida de memoria. Favorece la actitud de alegría hacia los demás y proporciona sensación de dicha, apoyando todos los órganos relacionados con el tercer ojo.

• *Rosa*

Es el color de los sentimientos y representa el ámbito de los afectos ya que despierta las relaciones amorosas con los demás. Alivia depresiones y genera inocencia, equilibrio emocional, entrega total y ayuda al prójimo. Es un color relajante que influye en el ámbito de los sentimientos, tratando de acercarnos a los otros de manera amable, suave y profunda. Es el color que hace sentir cariño, protección, amor, amistad y madurez emocional. Se asocia con el amor altruista y protege al corazón de las angustias y sinsabores.

• *Blanco, oro o plata*

Es el color de la pureza y la inocencia que radica en cada persona. Favorece la conexión con otras personas en el plano espiritual, por lo que es muy útil para cualquier trastorno relacionado con el cerebro. El color oro es una fuerza masculina que realza la relación con cualesquiera fuerza superior. El color plata, en cambio, es una fuerza femenina que ayuda en la comunicación con los otros.

El Reiki y la curación con cristales

El Reiki es más efectivo cuando se complementa su trabajo con el trabajo de piedras y minerales. Los cristales dan la posibilidad de transitar y reconstruir nuestra trama interna de emociones y patrones mentales, mejorando la calidad de vida gracias a su poder y energía propios. Los cristales y minerales dan claridad, canalizan energías positivas, otorgan serenidad, desbloquean y depuran y proveen de conocimiento y sabiduría.

Los cristales tienen diferentes cualidades vibracionales, tal y como sucede con los colores. Cada cristal tiene su propio efecto armonizador, por lo que se utilizan en el chakra correspondiente. El Reiki potencia los efectos y energías de los cristales. Al programar una gema o cristal con Reiki, esto permite llevarlo siempre consigo y aplicarla sobre el cuerpo cuando se precise, como si de una pila se tratase.

Gracias a la acción conjunta del Reiki y el mineral se refuerza y concentra el caudal de energía universal de forma sencilla, activando toda la información guardada por este. Al disponer los cristales y aplicar Reiki, se desvelan nuevas sensaciones físicas, emocionales, pensamientos e imágenes que llevan a la persona a tomar mayor conciencia de sí misma y a hacerse cargo de su propia vida.

He aquí una serie de indicaciones a la hora de elegir los cristales.

- Es preferible escoger cristales traslúcidos para que sean recargados con energía Reiki. En ese sentido, el cuarzo y la amatista son los minerales más recomendados.
- Los cristales con colores como morados, rosas o encarnados predisponen para el amor.
- Cristales como el aguamarina y otros de similares características predisponen a la calma y a eliminar el estrés de nuestras vidas. Llevarlos consigo es un ingrediente más que favorece tales situaciones.
- Los cristales oscuros promueven sensación de tranquilidad y de conexión terrestre. Los minerales más favorecedores de tales posiciones son el cuarzo ahumado, el ojo de tigre y la turmalina negra.

El cuarzo claro

El cuarzo es conocido como la sal de la Tierra y está compuesto por mineral de sílice. Los seis laterales de un cristal de cuarzo representan los primeros seis chakras, mientras que el punto de unión común significa el séptimo chakra o chakra coronilla, que es el lugar de unión con el infinito.

La mayor parte de los cristales de cuarzo son turbios en su parte inferior y se tornan brillantes en la cúspide, metáfora de nuestro crecimiento desde las sombras hasta la Luz que nos comunica con la armonía cósmica. No en vano, un cristal de cuarzo asemeja a una pirámide, elementos que permiten que energías de alta frecuencia penetren en la realidad física.

- El cuarzo mejora las características cristalinas de la sangre.
- Activa el cuerpo y la mente.
- Mejora las funciones cerebrales y es excelente para la meditación.
- El cuarzo lleva el aura a una frecuencia muy alta, por lo que todos los colores del aura se vuelven más brillantes.

La amatista

Se trata de una variedad de cuarzo que refuerza los sistemas endocrino e inmunológico.

- La amatista favorece la actividad del hemisferio derecho del cerebro.
- Es un excelente valedor de las funciones de las glándulas pineal y pituitaria.
- La amatista sirve para la meditación, ya que acalla los pensamientos banales, permitiendo que la mente se despeje y concentre.
- Purifica y energiza el espacio.

- Potencia las capacidades psíquicas.
- Promueve la sabiduría, la humildad y la modestia que acompañan a una mente sosegada.
- Sus cualidades tranquilizadoras y protectoras sirven para la intuición y la inspiración.

La sodalita

La sodalita es un mineral de acusada transparencia que ayuda en la comprensión de los problemas ajenos y resulta muy útil en los conflictos con el ego.

- Refuerza el metabolismo y el sistema linfático.
- Armoniza las polaridades masculino/femenino.
- Equilibra el sistema endocrino y favorece la función pancreática.
- Sosiega y despeja la mente, ahuyentando los temores.
- Proporciona claridad y verdad, ya que favorece la comunicación y la expresión creativa.
- Actúa como sedante sobre los chakras garganta y tercer ojo.

Turquesa

La turquesa es un mineral de color azul verdoso que se utiliza como amuleto, ya que se le atribuyen un sinnúmero de propiedades protectoras. Ligada al éxito y a la buena fortuna, protege a la persona que la posee contra el fracaso en cualquier ámbito. Es también la piedra mensajera de la paz y la armonía.

- Armoniza y estimula todo el organismo.
- Asiste a la circulación de aire en los pulmones ya que refuerza todo el sistema respiratorio.
- Confiere vitalidad a la sangre y estabiliza el sistema nervioso.
- Sirve para hallar el equilibrio mental durante la meditación.
- Favorece la expresión y la comunicación, la amistad y la lealtad.

8. Reiki y ciencia

Los científicos tienen opiniones divergentes sobre los efectos del tratamiento con Reiki. Existen estudios a favor que hablan sobre los campos biomagnéticos y también ensayos contrarios que hablan del Reiki como un efecto placebo y de la imposibilidad de medir la energía vital.

Hace más de cincuenta años, un trabajo hecho en la Universidad de Yale reconoció la relación directa entre todas las funciones corporales y los campos energéticos. Dicho estudio afirmaba que todas las perturbaciones, tanto físicas como emocionales, aparecen en el campo mucho antes que cualquier síntoma o estructura patológica sea detectada por los métodos usuales de diagnóstico.

Desde un punto de vista biológico, los sentidos magnéticos y electromagnéticos son características incorporadas de los organismos, los cuales varían desde las bacterias a los mamíferos. La evolución ha hecho que los animales sean capaces de predecir el tiempo, los terremotos y otros cambios en la tierra.

Para mantener la sincronía es necesario un sofisticado funcionamiento de complejos sistemas sensoriales y motores. Los campos biomagnéticos han sido ampliamente demostrados. Y es evidente que estos campos afectan a las funciones celulares. Es concebible que se esté en condiciones de documentar un esquema para las interacciones de campos energéticos benéficos para las personas. Dicho esquema involucra las ondas cerebrales y sus efectos sobre el sistema nervioso autónomo, la liberación de neuropéptidos y el sistema inmunológico.

Bibliografía

De Carli, J., *Reiki universal*, Editorial Edaf.

Doi, H., *Método moderno de Reiki para la curación*. Uriel Satori Editores, 2000.

Fernández, V., *Técnicas de protección energética*. Indigo, 2000.

Fernández, V., *Reiki sin Secretos*, Editorial Hispano Europea, 2010.

Hayashi, Ch., Arjava Petter, F. Yamaguchi, T., *Manual de Reiki de Hayashi*. Uriel Satori Editores, 2005.

Hicks, E., Hicks, J., *Pide y se te dará*, Urano.

Jiménez Solana, J.M., *Bio Reiki*, Gaia Ediciones.

Jiménez Solana, J.M., *Libro completo de Reiki*, Gaia Ediciones.

Lübeck, W., *El espíritu de Reiki*, Uriel Editores.

Stein, D., *Reiki esencial*, Ediciones Robinbook, 2012.

Stein, D., *La práctica del Reiki esencial*, Ediciones Robinbook, 2008.

Usui, M., Arjava Petter, F. *Manual Original del Dr. Mikao Usui*. Uriel Satori Editores, 2000.

Los puntos que curan
Susan Wei

Alivie sus dolores mediante la digitopuntura.

La técnica de la estimulación de los puntos de energía y del sistema de meridianos es tan antigua como la misma humanidad. Se trata de una técnica que recoge la enseñanza de lo mejor de la acupuntura, del shiatsu y de la acupresura para el alivio rápido de diferentes síntomas. Y que en caso de enfermedades crónicas, sirve de complemento a los tratamientos médicos prescritos.

Este libro es una guía que indica la situación de cada punto de energía para una práctica regular que devuelva la armonía a la persona y pueda protegerla de algunas enfermedades.

- ¿Cómo encontrar el punto correcto?
- ¿Cómo se trabajan los puntos?
- ¿Cuántas veces hay que repetir cada tratamiento?

Los Chakras
Helen Moore

Despierta tu interior y aprovecha al máximo tu sistema energético.

Los Chakras son siete centros energéticos situados en el cuerpo humano. Su conocimiento nos llega a través de la cultura tibetana forjada a través de la experiencia personal de los maestros de Shidda Yoga. La energía del cosmos atraviesa nuestro cuerpo trabajando en esa red de centros energéticos sutiles. Los chakras captan esa energía del ser humano y la hacen circular hacia el macrocosmos. Los chakras nos conectan con nuestro mundo espiritual y de su equilibrio depende en buena medida nuestra salud. De nuestra capacidad para leer las señales de estos centros de energía y rectificar o corregir su trayectoria dependerá que podamos evitar determinados trastornos.

Este libro es la guía imprescindible para conocer la esencia de los chakras y su localización, lo que sin duda será de enorme utilidad para conocer algo más de la complejidad del cuerpo humano.

- El cuerpo etérico como canalizador de energia.
- Los nadis o canales de energía.
- Los flujos energéticos en el cuerpo humano.

Medicina china práctica
Susan Wei

La medicina china comprende una serie de prácticas y fundamentos teóricos que trabajan en pos de una terapéutica global que tiene en consideración todo cuanto sucede en el organismo, la forma de manifestarse una enfermedad y cómo responde a los estímulos del entorno.

Este libro trata de dar a conocer cuáles son las principales terapias que aplica la medicina tradicional china en su esfuerzo por restablecer la salud y el bienestar de las personas y ofrece al tiempo un catálogo de las enfermedades más comunes y los remedios que deben aplicarse. No son más que motivos de inspiración para reencontrar el equilibrio y vivir de forma más saludable.

- El yin y el yang y los cinco elementos.
- Las leyes que rigen el cuerpo humano.
- ¿Cómo diagnostica un terapeuta especializado en MTC?

Grafología
Helena Galiana

Todas las claves para interpretar los principales rasgos de la escritura y conocer su significado y lo que revelan sobre el carácter y la personalidad.

La escritura se ha convertido en una seña de identidad capaz de reflejar los más increíbles aspectos de la persona. En la actualidad, por ejemplo, no hay empresa de selección de personal que no se valga de la grafología para analizar detalladamente a los aspirantes a ocupar un puesto de trabajo. El lector encontrará en este libro una guía completa para iniciarse en la ciencia grafológica, y descubrirá en ésta una sorprendente herramienta para conocerse mejor a sí mismo y a los demás.

- Conozca la técnica grafológica y sus aplicaciones.
- Aprenda a descifrar lo que nos revela la firma.
- Lo que revela la grafología sobre la sexualidad.

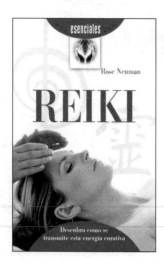

REIKI
Rose Neuman

Reiki es un sistema de armonización natural que utiliza la energía vital del Universo para tratar enfermedades y desequilibrios físicos y mentales. Su fundamento original se basa en la creencia hinduista de que el correcto fluir de la energía vital a través de los distintos chakras del organismo asegura un buen estado de salud.

Rose Neuman ha escrito un manual esencial para conocer cada uno de los estamentos del Reiki, de forma que el terapeuta o la persona que se inicia en su práctica conozca sus fundamentos para vivir de una forma más saludable.

- ¿Cuáles son las principales aplicaciones del Reiki?
- ¿Qué son los alineamientos?
- Los cinco principios espirituales.
- Cómo trazar los símbolos.

El yoga curativo
Iris White y Roger Colson

El yoga es un sistema sumamente eficaz para alcanzar un estado de equilibrio físico y emocional. Su práctica no sólo aporta una evidente mejoría en la capacidad respiratoria sino que además actúa de forma muy favorable sobre los órganos internos. Este libro sintetiza toda la sabiduría y la experiencia de la práctica del yoga curativo o terapéutico en un programa que muestra cómo cada persona puede optimizar la salud y alcanzar la curación.

- La relación entre yoga y salud.
- La práctica del yoga.
- El entrenamiento mental.
- El proceso de transformación física.
- ¿Puedo controlar el estrés a través del yoga?